Liberación y Sanidad Interior (y Restauración) en Resume

Cómo ser Libre

Directo del Corazón de Dios para tu Corazón

Oraciones Incluidas

Por Nancy L. Eskijian

Liberación y Sanidad Interior (y Restauración) en Resume

Por Nancy L. Eskijian

Signalman Publishing
www.signalmanpublishing.com
email: info@signalmanpublishing.com
Tampa, Florida

ISBN: 978-1-940145-86-0

Impreso en los Estados Unidos de América

Así que, si el Hijo os libertare, seréis verdaderamente libres.

—Juan 8:36.

El Espíritu del Señor está sobre mí, Por cuanto me ha ungido para dar buenas nuevas a los pobres; Me ha enviado a sanar a los quebrantados de corazón, a pregonar libertad a los cautivos y vista a los ciegos, a poner en libertad a los oprimidos y predicar el año agradable del Señor.

—Lucas 4:18-19.

**Dedicado al Señor Jesucristo, el Autor y
Consumador de Nuestra Fe**

Mi agradecimiento y aprecio a

Evelyn Gastelum y Omar Velásquez

por su servicio en traducir este libro al español para sanar a los quebrantados de corazón,

libertar a los cautivos y restaurar las vidas de las personas de habla Hispana.

Contenido

INTRODUCCIÓN

Este libro es un mapa para tu alma y un set de herramientas con la intención de darte una guía, revelación, poder para libertad, sanidad y restauración. La Biblia dice en Juan 8: 36, "Así que, si el Hijo os libertare, seréis verdaderamente libres." La Biblia también dice en Lucas 4:18-19 que Jesús vino a sanar a los quebrantados de corazón y dar libertad a los cautivos. Jesús le preguntó al paralítico en el estanque de Bethesda "¿Quieres ser sano?" Juan 5:6. Esa es una pregunta importante porque años de estancamiento y decepciones deterioran el alma de la persona tanto como al cuerpo. Olvidamos dónde estamos y dónde debemos estar. Nos sentamos a esperar en vez de pararnos y caminar.

Esta es mi pregunta para ti. ¿Quieres ser sano/a? Creo firmemente que Dios tiene la respuesta y Él es la Respuesta. A pesar de ser nacidos de nuevo, asistir a la iglesia, oración, consejería, leer la Palabra, incluso ir a terapia y meditar, los creyentes aún se sienten adoloridos y limitados. Quizás haya puntos de ruptura respecto al dolor, enojo, pecados compulsivos, etc. Te preguntarás, ¿Por qué estoy repitiendo estos errores del pasado? ¿Por qué sigo llevando estos sentimientos negativos y patrones de comportamiento pasado? Este libro revelará algunas respuestas a tus preguntas. Es un hecho que todos necesitamos claridad y dirección para obtener integridad (sanidad) y nada es automático. Te estoy presentando un patrón Bíblico respaldado por la cruz, la resurrección y la Palabra de Dios para ayudar. Sólo Dios conoce las profundidades de tu corazón y lo que has atravesado.

He estado en el ministerio de liberación y sanidad interior por muchos años. Creo que el Señor puede sanar y liberar de muchas maneras. Dones de sanidad pueden ser ministrados a grupos o individuos. A veces, hay palabra profética que es dada y puede romper años de dolor y desánimo para dar una vida nueva y un destino nuevo. A menudo, los dones del Espíritu Santo trabajan juntos para traer sanidad, libertar, discernimiento de espíritu, profecía, palabra de sabiduría, sanidades y milagros. Oraciones de fe pueden dar resultados poderosos. Dios libera a muchos de nosotros sin ninguna participación humana en el ministerio. Muchas veces con solo creer, obedecer y vivir somos libres.

Sin embargo, al ministrar liberación y sanidad, creo que hay una forma más intencional y metódica de los temas y patrones de esclavitud y dolor, y los procesos de libertad y sanidad, bajo el liderazgo y el poder del Espíritu Santo y la Palabra de Dios. Este es el tema principal de este libro. El Espíritu Santo es el Espíritu de la verdad, el Espíritu Santo te llevará en esta jornada, no yo. El Espíritu Santo va a confirmar en tu alma y espíritu con lo que necesitas lidiar y en qué orden, mientras lees este libro; el Espíritu Santo te va a "desencadenar" en buenas maneras para que encuentres tu libertad, sanidad y restauración. Voy a definir la palabra "liberación" como libertad de la opresión demoniaca, maldiciones (generacionales y otros), juicios en el mundo espiritual contra nosotros, patrones compulsivos de pecado y fracaso y el rompimiento de ataduras del alma que no son de Dios. Voy a definir de forma general la palabra "sanidad" como sanidad interior de traumas y dolor, incluso generacionalmente, transgresiones en contra de nosotros, heridas auto infligidas y en pérdidas de vida como sea que haya ocurrido. Incluido en el proceso de "restauración" donde el Espíritu Santo acelera el crecimiento en áreas que fueron bloqueadas por los eventos ocurridos, acelera el desarrollo y madurez, restaura y hace que nuestras almas crezcan hasta llegar a las dimensiones que Dios tiene destinadas para nuestro nuevo caminar con el Señor. Voy a plantear que Dios hace muchas cosas en muchos niveles al mismo tiempo y de muchas formas y que todo el tiempo tenemos nuevas revelaciones que abren las puertas para libertad.

Sigue sumergiéndote: Una historia Bíblica corta con un gran mensaje.

Quizás conoces la historia de Naamán (2° Reyes 5), el gran militar sirio que tenía lepra[1]. Naamán no era parte de la gente del pacto

---

1 Enfermedad crónica y contagiosa causada por una micro bacteria (Mycobacterium leprae) que afecta especialmente la piel y los nervios periféricos y caracterizado por la formación de nódulos o maculas que agrandan y se esparcen acompañadas de una sensación que eventualmente termina en parálisis, desgaste de los músculos y producción de deformidades. También llamada la enfermedad de Hansen. De carácter dañino moral o espiritual.

de Dios; de hecho, él probablemente peleaba en contra de Israel, pero Dios permitió que Naamán experimentara un milagro que convirtió su corazón. Naamán era un gran guerrero que tenía una posición honorable y riquezas materiales, pero incluso la gente rica y poderosa puede tener problemas muy grandes. ¿Alguna vez has conocido a alguien que tenía todo y aun así su vida es un desastre? De hecho, te puede estar yendo muy bien en algunas áreas, pero puedes estar fracasando en otras. Naamán, a pesar de ser grande, famoso, poderoso y rico no podía curar su enfermedad. Ganar en el campo de batalla no significaba ganar la batalla contra la lepra. Dar ordenes a hombres guerreros no le daba el derecho de darle orden a una enfermedad. Dios permitió que el estuviera en una posición indefensa para que Su ayuda pudiera brillar.

La historia continúa, la criada de la esposa de Naamán (alguien que había sido capturada en un campo militar dentro de Israel) sugirió que Naamán fuera a ver a un profeta de Samaria cuyo nombre era Eliseo porque él lo podría sanar. ¡Fue muy valiente lo que dijo la joven porque era una criada! Era algo que pudo haberle costado la vida. Después de mucha confusión, contacto con el rey de Israel donde Eliseo finalmente pudo intervenir en este problema político, la historia tiene un final victorioso. Antes de esto había mucho enojo y quejas por parte de Naamán hasta que por fin aceptó el consejo de sus siervos valientes y seguir las instrucciones que le fueron dadas por Eliseo. Le dijeron: Si el profeta le hubiera dicho que hiciera algo muy difícil lo habría hecho, ahora algo simple ha sido presentado: 'Ve y lávate siete veces en el río Jordán y tu piel será restaurada'." El punto es que Dios no quiere que hagamos lo "difícil" por nuestra cuenta, cuando confiamos en la simplicidad de los métodos de Dios comenzamos a ser limpiados en el río del Espíritu Santo. Naamán discutió que Siria tenía sus propios ríos, pero eventualmente accedió.

En resumen, este libro habla de los métodos de Dios para libertad y sanidad. ¿No es eso lo que queremos? En toda la historia de Naamán, había orgullo, los métodos humanos eran rechazados y la humildad fue motivada por la desesperación. Aprendemos que no podemos sustituir los métodos de Dios. Debemos humillarnos para recibir libertad y sanidad. A Naamán no le gusto entrar al Jordán y lavarse siete veces, él quería que Eliseo pusiera su mano sobre él para que fuera sano. Así es nuestra actitud hacia la libertad y oración. Le pedimos al Señor que envíe a alguien a orar por nosotros (una vez) y será maravilloso. Podemos vivir nuestra vida. Pero, me he dado cuenta, particularmente en el área de sanidad interior y liberación que el Señor desea enseñarnos como llegamos a donde estamos. Quiere llegar hasta lo más profundo de nuestra alma día con día y que podamos ayudar a otros y que entendamos el proceso de liberación y sanidad interior. Él nos da un entendimiento exacto de cómo ocurren las ataduras, cómo ocurre el quebrantamiento y lo que se requiere para llegar al otro lado. Nos lleva de una mentalidad pasiva para no aceptar lo "anormal", una condición contraria a la voluntad de Dios como "normal" ya sea espiritual, emocional o física. Él nos está lanzando a una perspectiva más grande, a pesar de nuestro deseo de retroceder a una menor perspectiva. Esto requiere que pongamos nuestros corazones y almas en el altar para poder tener una cirugía de corazón abierto. ¿Cómo llegamos a donde estamos? Si no entendemos esto, entonces los patrones y procesos nunca son entendidos y serán repetidos. Como un bono agregado, ya que entendamos quienes somos, como llegamos ahí, como podemos ser libres, sanos y restaurados, podemos ayudar a otros. Las dinámicas de las relaciones cambiarán. La libertad y sanidad interior expandirán nuestra capacidad para recibir el amor y la bondad de Dios para poder seguirle y convertirnos en lo que Él desea.

Cuando Naamán finalmente decidió ir al río Jordán y lavarse (representado en la escritura el lavado del Espíritu Santo y comenzar una nueva vida), él se sometió a Dios y entonces comenzó la sanidad. Había muchos ríos alrededor pero solo había un Jordán. No solamente fue sanado, sino que experimentó al Verdadero Dios viviente, lo cual lo llevó a la conversión de su alma. Todos debemos tomar esa decisión, dejar el orgullo, enojo, ser humildes para poder entrar al fluir del río de Dios del Espíritu Santo, el río que limpia y refina lo más profundo de nuestras almas. Existen ríos buenos como la terapia, medicamentos, aprendizaje para liderar con el enojo, oraciones genérale, "bendecir tal y tal" la mayoría de estos no están ungidos y esta es la diferencia. La unción es lo que destruye el yugo de esclavitud. Isaías 10:27. También existen ríos sucios como las drogas, alcohol, encuentros sexuales y avaricia para buscar validación. Solo el Jordán puede causar un cambio verdadero. Por eso Naamán dijo "He aquí ahora conozco que no hay Dios en toda la tierra, sino en Israel (2º Reyes 5:15)".

Por favor note que Eliseo no era un médico profesional que estaba acostumbrado a sanar lepra; él era un profeta de Dios, ungido por el Espíritu Santo con el poder de profecía, sanidad y milagros. De tal manera, creyentes ungidos por el Espíritu Santo pueden tener la autoridad dada por Dios para sanar, liberar a otros y traer restauración. Mientras ministras bajo la unción, habrá un "aceleramiento" en ciertas áreas. El Espíritu Santo es como un misil de búsqueda de calor que pone un blanco en las áreas de dolor para liberar a alguien y ayudarlo a crecer.

He conocido a muchas personas que necesitan ayuda desesperadamente pero el orgullo los ha detenido de recibir la bendición. Jeremías lo dijo profundamente: "Mas si no oyereis esto, en secreto llorará mi alma a causa de vuestra soberbia; y llorando amargamente se desharán mis ojos en lágrimas, porque el rebaño de Jehová fue hecho cautivo (Jeremías 13:17). Esta es la agonía de Dios con todo el mundo, ¿Recibirán el amor de mi Hijo ó no? En teoría, muchos quieren la santidad y la sanidad. La práctica requiere humildad, sumisión, rompimiento, confianza y el dejar ir nuestros propios caminos y decisiones. Si no lo hacemos, seremos cautivos. Jeremías estaba profetizando acerca del pueblo de Dios. Como lo escribí en uno de mis libros anteriores: Las personas generalmente quieren lo que no necesitan y necesitan lo que no quieren.

Se necesita morir a la carne y procesar el dolor que quizás ha sido evitado por algunos años. El dolor es una prisión terrible, a veces duele tanto y duele aun más soltarlo. Se necesita salir de la negación, descubrir lo que tenemos escondido, mayormente lo que está en el inconsciente y destruir las obras del diablo. Nuestros pequeños arreglos se hacen hacia un lado para que Dios comience una limpieza profunda que puede tomar tiempo. Se remueve una capa y aparece otra capa que puede tomar más tiempo porque surge la verdad y el dolor. Pero el proceso de revivir nuestras experiencias esta vez con el Espíritu Santo en vez de estar solos sintiendo el rechazo, violación sexual, dolor para luego procesarlos hasta tener una resolución de Dios. Es ahí cuando podemos crecer, madurar, ser compasivos a los problemas y necesidades de otros. También, cuando experimentamos nuestro dolor (que alguna vez fue suprimido o negado) con el Gran Consolador, no por medio de nuestros métodos de confort [llenar el espacio en blanco] sino con el Espíritu de Dios. Tenemos la seguridad que Jesús llevó nuestras dolencias en la cruz para no tener que llevarlas nosotros. Solamente necesitamos soltarlas y permitir que el poder de la sangre de Jesús y el Espíritu Santo trabaje en nuestros corazones. La intervención del Espíritu Santo puede resolver años de conflicto y dolor en segundos.

Tenemos que desear santidad y también satisfacción para llevar nuestras vidas a la cruz, y ambos deben estar casados para poder ser una nueva criatura en Cristo. La Salvación es gratis, no podemos sumar ni restar lo que ya es, un trabajo terminado en la cruz. Ya que somos salvos, la palabra nos dirige a participar en recibir una limpieza profunda y restauración que todas nuestras almas necesitan, eso también es gratis, pero requiere que entremos al río. La realidad es, Dios es un Dios Santo. Su santidad y justicia es un estándar divino en el cual no hay compromiso. Es parte de Su naturaleza y carácter. Es la santidad de Dios que se suelta por medio del poder y la sangre de Jesús lo cual nos permite tener sanidad completa. La razón por la cual digo "sanidad completa" es porque hay otro tipo de sanidades que se pueden lograr sin Dios. Solo con la sangre de Jesús, el Espíritu Santo puede entrar a nuestro interior de una manera que puede darnos perdón de pecados y restauración del alma. 1ª Juan 3:2-3 dice: "Amados, ahora somos hijos de Dios, y aún no se ha manifestado lo que hemos de ser; pero sabemos que cuando Él se manifieste, seremos semejantes a él, porque le veremos tal como él es. Y todo aquel que tiene esta esperanza en él, se purifica a sí mismo, así como él es puro." El Salmo 23:3 dice: "Confortará mi alma, me guiará por sendas de justicia por amor de su nombre."

Tomando en cuenta la historia de Naamán, el Señor me mostró siete niveles de limpieza, liberación y restauración para el alma.

Hay sanidad para el cuerpo y yo creo que la sanidad y liberación del alma son requeridas como el centro de nuestra vida. Proverbios 4:23: "Sobre toda cosa guardada guarda tu corazón porque de él mana la vida."

Primer Nivel - El Pecado / Arrepentimiento Y Perdón

1. Arrepentimiento

El primer nivel de limpieza siempre se dirigirá al pecado en nuestras vidas. Digo esto porque es lo que Jesús dijo para presentar el Reino de los Cielos. Jesús lo dijo y luego Juan lo dijo "Arrepentíos, porque el Reino de los Cielos se ha acercado." El pecado se trata de acciones, pensamientos y actitudes como violación de la ley (y corazón) de Dios. Jesús fue claro al incluir nuestros pensamientos y actitudes cuando dijo en Mateo 15:19-20: "Porque corazón salen los malos pensamientos, los homicidios, los adulterios, las fornicaciones, los hurtos, los falsos testimonios, las blasfemias. Estas cosas son las que contaminan al hombre; pero el comer con las manos sin lavar no contamina al hombre." Este es el fruto natural de una vida centrada en uno mismo en vez de una vida centrada en Cristo. Nuestros corazones, actitudes, dolores, memorias y egoísmos. Somos pecadores naturales, espiritualmente separados de Dios e inclinados al pecado. Isaías 53:6 dice: "Todos nosotros nos descarriamos como ovejas, cada cual se apartó por su camino; mas Jehová cargó en él el pecado de todos nosotros." Hemos dejado los caminos de Dios para seguir los nuestros. Dios llevó nuestra culpa y nuestros pecados. Todos hemos fallado, en esencia, somos retados a aceptar el punto de vista de Dios. Lo que es pecado, lo que nos lastima, lo que no sirve, la desobediencia, lo que es distracción (madera, paja, obras muertas), lo que está de moda y lo que no. Si no aceptamos esto, la sanidad y libertad no pueden llegar. La (Palabra) creó todo, La (Palabra) nos salva y La (Palabra) define lo que es muerte, lo que es real y lo que no es. Lo que es amor, lo que es verdad y lo que soy yo.

Dicho esto, quizás tome tiempo para sanar y procesar, para que las personas puedan admitir sus tipos de pecados. A veces estamos tan quebrantados en el dolor que lo último que queremos es enfrentarnos a nosotros mismos. A veces tenemos actitudes de falta de perdón, orgullo, enojo escondido, formas incorrectas de pensar, patrones emocionales que hemos adoptado como la manipulación y el control. El Señor suavemente nos quita la imitación de soporte vital para que podamos reconocer el camino, la verdad y la vida.

Debemos entender que la naturaleza y carácter de Dios es santo. Su poder sanador, su presencia llena de amor es lo que nos completa y nos libera. Si alguien usa drogas o alcohol y ahora tiene una adicción, hay un requisito espiritual para la libertad. Si, esto es pecaminoso, me esta dañando mi cuerpo. La adicción es un pecado que lastima al cuerpo, es destructivo, arruina las finanzas, la familia, el alma, la voluntad y emociones. Hay personas que cometen actos criminales e inmorales para seguir utilizando drogas. El uso de la droga o el alcohol ha alterado mi cerebro y cuerpo estoy adicto. Pero, el decir que esto es una enfermedad sin reconocer el elemento moral y espiritual del problema no dará un resultado que le quitará a la persona su responsabilidad. Primeramente, el abuso de la sustancia y seguirla usando.

El segundo nivel es buscar ayuda y el tercero es el encontrar la raíz espiritual de problema para encontrar soluciones espirituales. Incluso si hay problemas genéticos y generacionales, causas de la predisposición que causa vulnerabilidad para usar una sustancia que lleva a una adición. Incluso el uso de una droga o alcohol que ya ha cambiado la función cerebral del adicto y la química que lo guio a tomar una decisión. Este debe admitir lo siguiente: "Me he lastimado a mí mismo, he lastimado a otros y mi relación con Dios porque no conozco a Dios y no lo he buscado, me he desviado y me he apartado de Su voluntad para mí. Señor, me arrepiento y pido perdón, no puedo hacer esto sin ti." Esto es muy básico y muy importante. La persona debe arrepentirse. Esto abre las puertas para que la persona sea sana y libre, esto es diferente a las soluciones que ofrece el mundo. No estamos poniendo en menos a la rehabilitación, medicamentos, terapia, determinación propia y otros métodos que se han utilizado para vencer la adicción. Esta es una plataforma diferente para la sanidad y liberación. He conocido a creyentes que fueron liberados milagrosamente del uso de las drogas y alcohol. Hay un valor diferente en las metodologías, Dios puede liberar a las personas por medio de su poder, sanidad interior y restauración.

Quizás pienses lo siguiente: "Sé que mis reacciones de enojo hacia la vida están mal, también el rencor en mi corazón, me arrepiento por mi comportamiento y mis sentimientos." Entonces el Señor puede mostrarnos el origen de ese enojo, frustración, dolor masivo, descuido, abuso e injusticia. El corazón hace sus propios cálculos, entiendo que a veces esos cálculos pueden ser una carga muy pesada de la que deseamos escapar. Por lo tanto, debemos hacer nuestra parte para que Él haga su trabajo maravilloso. Repito, debemos hacer nuestra parte para que Él se glorifique, hay un elemento espiritual para todo en la vida. Nuestra separación de Dios, el propósito que tiene para nuestras vidas y la separación de nuestra propia carne tiene que ser confrontada. No es como cuando a alguien le da gripe; es cuando alguien toma una decisión y ésta lo acerca o lo aleja de Dios. En la Biblia podemos ver a muchas personas que fueron liberadas y sanadas. Eso le puede suceder a cualquier creyente, Dios es un Dios que transforma. Nuestra relación y experiencia con Él nos cambia la vida. Incluso aún cuando no podemos enfrentar nuestros pecados directamente, Dios comenzará a fortalecernos y sanarnos conforme a su Palabra.

Suma todo el daño de las generaciones, pecados generacionales, traumas, pérdidas, depravaciones, el nacer en este mundo confuso lleno de conflictos que ha sido gobernado por el príncipe de poder de los aires, que tuerce nuestros corazones y mentes para llevarnos al infierno. Podemos ver por qué Jesús vino para llevar nuestros pecados y también las maldiciones, faltas, juicios, dolor, enfermedades y dolor en la cruz. La esencia del pecado son las palabras, pensamientos, sentimientos y acciones apartadas de Dios. Heredamos la naturaleza pecaminosa humana por la separación inherente de Dios. También la disposición y/o vulnerabilidad de algunos pecados por las maldiciones generacionales. El ADN de la semilla del pecado es plantado en nosotros. Como resultado, estamos carnalmente inclinados a vivir por la carne, emociones, sentimientos y pensamientos. Romanos 8:5-8 dice lo siguiente: "Porque los que son de la carne piensan en las cosas de la carne; pero los que son del Espíritu, en las cosas del Espíritu. Porque el ocuparse de la carne es muerte, pero el ocuparse del Espíritu es vida y paz. Por cuanto los designios de la carne son enemistad contra Dios; porque no se sujetan a la ley de Dios, ni tampoco pueden; y los que viven según la carne no pueden agradar a Dios."

El hombre natural está en oposición a Dios. La mente carnal está en decadencia porque no hay intervención del Espíritu de Dios, el Espíritu de vida en Cristo Jesús. El término "mente carnal" es mi definición de alguien que es dirigido por los deseos de la carne cuyo proceso emocional de razonar, pensar y sentir no tiene intervención lo cual lo lleva a una vida de pecado. Esto implica que su comportamiento, actitudes que violan la ley de Dios. Las iniquidades pueden ser nuestra predisposición, intenciones, la falta de ley, falta de moral, faltar a la ley y a la justicia. Hay ciertas definiciones en las escrituras. Traspasar nuestras ofensas y faltas, transgresiones de la ley de Dios. Mientras el nuevo nacimiento por medio del Espíritu Santo y la sangre de Jesús nos hace vivir en Cristo y renueva nuestra relación con el Padre, nuestras mentes, historias y vida espiritual deben ser renovadas. Jesús dijo que nos conocerían por nuestros frutos, los frutos siempre tienen raíces que generalmente no se ven. Voy a usar la palabra "pecado" para hablar acerca de iniquidades, traspasos y cualquier cosa que esté en contra de la ley de Dios para discutir lo que viene a continuación.

El pecado es más profundo que nuestras acciones e incluso pensamientos. El pecado es la naturaleza doblada sin el poder transformador de la cruz y el poder del Espíritu de Dios en el nuevo nacimiento. Sin Cristo no podemos indagar en las profundidades que Dios requiere. Todos nosotros, cuando venimos a Jesús reconocemos que somos pecadores, algo estaba mal. La limpieza profunda que Dios quiere hacer en nosotros requiere que tengamos vista nueva y espíritu nuevo. Sin el nuevo nacimiento y la vida nueva en el Espíritu Santo trabajando en nosotros no podemos ver nuestros pecados. David clamó, "Crea en mí, oh Dios, un corazón limpio, Y renueva un espíritu recto dentro de mí." Salmo 51:10. Jesús tomó un hacha para arrancar la raíz de los árboles, Él es radical, relacional y revolucionario.

El pecado debe ser enfrentado junto al arrepentimiento en la cruz. Si no reconocemos que Jesús es Dios, no podemos llegar al nivel de plenitud. Si no escogemos creer en la palabra de Dios y lo que Dios describe como barreras y actitudes de la vida como están descritas en los mandamientos, estatutos, testimonios y su senda de amor. Primero, no hay esperanza de plenitud, en una vida de fe como la Biblia lo describe si hay raíces de amargura. En ocasiones, uno se complace en tenerlas, en retener la ira. En la falta de perdón, el por qué debemos perdonar.

El primer nivel de la limpieza es el lidiar con el problema del pecado y arrepentimiento, esto nos lleva a otros niveles. El enfrentar el problema del pecado permite que Dios mismo, sus estatutos, leyes y mandamientos gobiernen para poner orden en nuestras vidas. El Espíritu Santo nos guiará a ver lo que está mal y de tal manera corregirlo. Si no permitimos que Dios haga esto, estaremos viviendo una vida de falsedad donde no puede haber sanidad profunda, liberación, ni restauración. La decisión de hacer una pausa para reajustarse a las normas de Dios puede ser un ajuste de actitud, amargura, orgullo y rencor. El vivir una vida apartada de su Palabra o una vida no productiva. Hay que ser realistas, lo que Dios quiere restaurar es nuestra vida interna. El fruto es la manera obvia de como actuamos con otras personas, por ejemplo, pero la raíz puede ser temor, amargura, enojo, dolor, etc. Estaré hablando acerca de patrones generacionales cuando lleguemos a la sección de "raíces".

Dios, en su infinita misericordia nos permite ser llenos de su amor, gracia y sanidad muchas veces. Ahora que tenemos la fuerza para ver de cerca nuestro corazón nos damos cuenta que a veces estamos tan quebrantados que es muy doloroso y casi imposible el poder auto examinarnos. Cuando Dios nos llena de su amor podemos comenzar a vivir y a cambiar poco a poco. Los ministros ungidos llenos del Espíritu Santo pueden hacer cirugías de corazón abierto. Palabras de sabiduría y discernimiento de espíritus pueden ser bolas de demolición de las fortalezas del enemigo, por ejemplo. Cada uno de nosotros hemos estado conectados a un sistema de soporte vital y Dios nos ha revivido. David escribió en el Salmo 85:13: "La justicia irá delante de él, Y sus pasos nos pondrá por camino." El Espíritu

Santo que habita en nosotros comienza a poner barreras a nuestros pensamientos, acciones y emociones. El Espíritu Santo sobrepasa nuestra naturaleza y es nuestro Gran Ayudador. El Señor no nos "da una paliza" en este proceso, aunque la convicción del Espíritu Santo a veces es confrontación. Dios nos da gracia no solo en los momentos de gozo sino en los tiempos de sanidad y liberación. Su favor está con nosotros.

Entonces cuando hablo acerca del pecado, no es para empujar algo hacia nosotros sino para entender que una separación de Dios, de nuestro propio ser y de otros ha ocurrido y algún tiempo, en alguna manera, tendremos que lidiar con ello si queremos crecer en la madurez que Dios desea que hará nuestras vidas más productivas en el destino que Dios tiene diseñado para nosotros.

El poder del arrepentimiento abre la puerta no solo para nuestro perdón sino para ser libres de la inmundicia. 1ª de Juan 1:7-10: "Pero si andamos en luz, como él está en luz, tenemos comunión unos con otros, y la sangre de Jesucristo su Hijo nos limpia de todo pecado. Si decimos que no tenemos pecado, nos engañamos a nosotros mismos, y la verdad no está en nosotros. Si confesamos nuestros pecados, él es fiel y justo para perdonar nuestros pecados, y limpiarnos de toda maldad. Si decimos que no hemos pecado, le hacemos a él mentiroso, y su palabra no está en nosotros." Toda la gente peca y se engañan al pensar que no lo han hecho. Por lo tanto, todos mienten de vez en cuando. Pero, eventualmente si escuchamos al Espíritu Santo y tenemos un corazón contrito y humillado, venceremos al pecado porque habremos experimentado algo mejor, una nueva forma de vivir. El poder del Espíritu de vida en Cristo Jesús nos eleva más allá de nuestra vieja naturaleza para que la limpieza profunda se pueda llevar a cabo. No sabemos qué hay en nuestros corazones, si pensamos que lo sabemos, nos estamos engañando a nosotros mismos. Salmos 19:12-14 dice: "Quién podrá entender sus propios errores? Líbrame de los que me son ocultos. Preserva también a tu siervo de las soberbias; Que no se enseñoreen de mí; Entonces seré íntegro, y estaré limpio de gran rebelión. Sean gratos los dichos de mi boca y la meditación de mi corazón delante de ti, Oh Jehová, roca mía, y redentor mío."

Supongamos que estamos listos para atravesar el proceso completo. La Biblia habla acerca del "hombre fuerte", mi opinión es que hay un hombre fuerte dentro de cada uno. Estaré tocando este punto más adelante. Muchas veces pensamos que el hombre fuerte es un demonio, pero no siempre es así. El hombre fuerte puede ser nuestro propio control sobre nuestras vidas, una vida falsa, una identidad falsa en la cual hemos vivido tanto tiempo que la vida verdadera está escondida, puede ser que hayamos adoptado una personalidad falsa; estas cosas no son demoniacas, pero controlan nuestra vida espiritual. 1ª Juan 4:9 nos dice que debemos vivir a través de Él. Debemos rendirnos totalmente y permitir que Él esté dentro de nosotros.

Al final de este libro en el apéndice "A" hay varias oraciones de arrepentimiento que puedes estudiar y repetirlas para ti mismo, para Dios y también para otras personas.

2. Perdón

Los pasos del perdón son de igual importancia. Son importantes para otros, para nosotros y para Dios. Muchas veces estamos cautivos porque tenemos enojo y resentimiento contra Dios. Todas las preguntas sin respuesta y las preocupaciones de nuestras vidas. Hay un gran poder en el perdón porque esto hará que la raíz de amargura sea cortada. Hebreos 12:15. Sin el perdón, estaremos siempre atados a la fuente del dolor, a veces cuando ministramos liberación, tenemos que literalmente arrancar las "raíces de amargura" de los corazones de las personas. Raíces que han sido causadas por abandono, rechazo, problemas familiares, pérdidas y otras razones. Por lo tanto, debemos ser cuidadosos con lo que está creciendo en nuestro corazón para así poder arrancar esas raíces cuando Dios las revele.

El poder del perdón es enorme, el primer mensaje de Jesús a sus discípulos después de la resurrección esta en Juan 20:19-23: "Cuando llegó la noche de aquel mismo día, el primero de la semana, estando las puertas cerradas en el lugar donde los discípulos estaban reunidos por miedo de los judíos, vino Jesús, y puesto en medio, les dijo: Paz a vosotros." Jesús entró por la pared para estar con sus discípulos.

El llegó en su cuerpo resucitado, una fusión entre la carne y el espíritu lo cual le permitía atravesar paredes "literalmente". Dios en su gracia ha atravesado muchas cosas para estar con sus seres queridos. ¿Verdad que hace lo mismo con nosotros? ¿atravesar paredes para llegar hacia nosotros? El verso 20 dice: "Y cuando les hubo dicho esto, les mostró las manos y el costado. Y los discípulos se regocijaron viendo al Señor. Entonces Jesús les dijo otra vez: Paz a vosotros. Como me envió el Padre, así también yo os envío." Después de esto, les dejó el ministerio. Él les muestra sus manos y costados. Les muestra que es real y que Él también ha sufrido, que ha llevado nuestro sufrimiento y ha sido tratado brutalmente por las manos de otros seres humanos. Les muestra sus heridas, pero ya no hay dolor, solo Victoria. El mensaje es que ellos también han sufrido o que van a sufrir, pero Él lo ha llevado y sellado, nos ha dado redención y salvación. Cualquier cosa que atravesemos, Él ya la vivió. Jesús es el Autor y Consumador de nuestra fe. Es en ese momento que Él se hace real en nuestras vidas, tenemos la fuerza y el poder para salir adelante. Los discípulos son comisionados por Jesús, así como Él es comisionado por el Padre y como prioridad les da el mensaje del perdón de pecados.

Juan 20:22 dice: "Y habiendo dicho esto, sopló, y les dijo: Recibid el Espíritu Santo. A quienes remitiereis los pecados, les son remitidos; y a quienes se los retuviereis, les son retenidos." La Nueva Traducción Viviente dice "Si perdonas los pecados de alguien, son perdonados. Si te rehúsas a perdonar, no son perdonados". Qué poder tan maravilloso se nos ha dado. A los discípulos primero se les fue dado el poder para perdonar pecados cuando fueron nacidos de nuevo por medio del Espíritu Santo y cincuenta días después de la resurrección, se les fue dado el bautismo del Espíritu Santo para caminar en poder para hacer lo que hizo Jesús, sanar a los enfermos, echar fuera demonios y hacer milagros. El día del Pentecostés fue el día donde comenzó la primera cosecha. Quizás necesitaban perdonar a quienes los agredieron para obtener su propio perdón antes que pudieran tener el poder de sanar y liberar. Quizás Dios puso las cosas en este orden para que pudieran soltar el poder de la sangre primero, antes que pudieran soltar el poder del Espíritu

Santo. Quizás el Señor quiere que experimentemos el perdón antes que podamos llevar a cabo su poder en gran manera. La presencia del Espíritu Santo puede reinar completamente cuando perdona

El poder para perdonar pecados desata los recursos del cielo y la falta de perdón los recorta. Mateo 16:18-19 dice: "Y yo también te digo, que tú eres Pedro, [y sobre esta roca]edificaré mi iglesia;" (La roca de revelación de Jesús como el Hijo de Dios) "y las puertas del Hades no prevalecerán contra ella" (Las puertas del infierno no pueden prevalecer contra la iglesia que ha sido limpiada por la sangre y las puertas del infierno no tienen cabida si hay perdón del pecado. Las puertas del infierno no pueden prevalecer en una iglesia fundada sobre la Roca, Jesús, y la revelación de Jesucristo). "Y a ti te daré las llaves del reino de los cielos; y todo lo que atares en la tierra será atado en los cielos; y todo lo que desatares en la tierra será desatado en los cielos" (¿Qué son las llaves del reino? Tenemos el poder para atar y desatar cosas, para atar poderes que no son de Dios y desatar la Palabra de Dios, el Espíritu de Dios, ángeles, la voluntad de Dios en el mundo material y espiritual).

Jesús tiene las llaves de la muerte y del infierno--Apocalipsis 1:18 y la llave de David, Isaías 22:22. Él puede abrir puertas que ningún hombre puede abrir y puede cerrar puertas que ningún hombre puede cerrar, pero todo lo demás que está en medio Él se lo ha dado a la iglesia. Sus llaves son de soberanía y su posición divina como juez. Pero nuestras llaves son llaves grandes que abren el Reino del cielo en la tierra y para cerrar el reino de las tinieblas. ¿Quién más lo tiene que hacer?

El mensaje central y el corazón del Padre Nuestro es "Vénganos tu reino, que se haga tu voluntad en la tierra como en el cielo" Tenemos autoridad con la que podemos atar y desatar. Podemos atar las fuerzas demoniacas, podemos desatar el poder de Dios. Podemos atar a la gente a la Palabra de Dios para que puedan ser desatados los demonios. Nuestras bocas pueden parar ángeles o desatarlos. De tal manera que podemos desatar en el cielo lo que Dios quiere en la tierra. Estas son las llaves del Reino.

También podemos atar gente al no perdonar, podemos atarnos nosotros mismos al no perdonar. Podemos perder los recursos del cielo y de otros al no perdonar. Si odiamos, estamos atados, si no soltamos nuestro dolor, estamos atados, si no permitimos que Dios trabaje en nuestras vidas, estamos atados. Pero si decidimos perdonar, creamos una atmósfera para amar de nuevo, para desatar el favor de Dios, las bendiciones, destinos, sanidad, liberación, protección y mucho más. Ya sea para perdón personal o generacional o arrepentimiento. Más adelante estaré hablando acerca de esto.

Dios regresa el reloj una y otra vez. Así como Él ha dado mensajes proféticos en los días de la semana, para que cada día suceda algo nuevo. Después de la noche, viene un nuevo día y una nueva oportunidad para comenzar de nuevo. Para comenzar con el perdón, mientras nos arrepentimos, permitimos que otros comiencen de nuevo y si no perdonamos no podemos ser perdonados y no podemos comenzar de nuevo. Quizás lo más difícil es perdonarnos a nosotros mismos, pero debemos hacerlo. Por eso es que una vida o familia, incluso una persona o una nación que tiene un corazón para perdonar puede florecer. Siempre hay algo nuevo y comenzar de nuevo con el poder de un nuevo corazón e imaginación.

Muchas personas patalean en el agua y no saben seguir adelante porque hay lugares en su corazón que siguen dañados y lugares donde se necesita el perdón, si el Espíritu Santo te recuerda una y otra vez que debes perdonar, entonces perdona una y otra vez, recuerda que Jesús dijo que lo hiciéramos hasta setenta veces siete. Arrepiéntete si necesitas hacerlo, quizás Dios te esté llevando a otro nivel. Si aún hay dolor cuando piensas en la persona que haz perdonado, es probable que necesites la mano sanadora de Dios en esa situación. Debes quebrar ataduras del alma, procesar el dolor, romper esas paredes defensivas, ser libre de influencia demoniaca y pedirle a Dios un corazón nuevo para llenar el vacío. El perdón no trata con el dolor, abre la puerta para que el poder de Dios se manifieste en sanidad. Sin perdón no se puede quitar el dolor y Dios no puede terminar el trabajo. He visto que las personas son liberadas milagrosamente cuanto finalmente logran perdonar a alguien que ha hecho algo malo contra ellos. Después de esto puede comenzar el proceso de sanidad.

Después de bloquear todo esto, te conviertes en una piedra, porque estás adorando con un corazón duro. Si endureces tu corazón, te convertirás en una piedra. Pero si te paras firme en la Roca que es Jesús y el poder de su sangre derramada, entonces las puertas del infierno no prevalecerán contra ti o contra mí.

Así es como se nivelan las cosas, el Padre Nuestro también dice: "Perdona nuestras ofensas, así como nosotros también perdonamos a los que nos ofenden". En la cruz los ofensores y los ofendidos pueden ser libres. La Biblia dice "Mía es la venganza, Yo pagaré dice el Señor." Él aclarará las cosas con el ofensor, con quien hizo mal. Él puede sanar a los quebrantados de corazón. Él puede aclarar las cosas con el ofendido, la persona que es la víctima. Él restaurará los años que la langosta y la lombriz se comieron por medio de perdidas, traumas y violación[2]. Él puede acelerar el crecimiento y las bendiciones. Él es el reparador del puente, Él puede inundar nuestros corazones con Su Espíritu para que podamos vencer nuestras perdidas, desobediencia y el tiempo perdido. Así que alinea tu corazón con el de Dios al perdonar y permite que Dios sea el que arregle todo. El poder de la cruz es para el inocente y para el culpable.

Creo en el concepto de "perdona nuestras ofensas, así como nosotros también perdonamos a quienes nos ofenden", es aún más grande que solo perdonar los pecados de otros. Pecados y transgresiones son acciones u omisiones que han causado daño o que han estado fuera de la voluntad de Dios. Si, hay un montón de deudas que podemos tener contra otras personas o que ellos tienen contra nosotros quizás porque alguien nos hizo algo y perdimos un negocio, nos deprimimos, enfermamos, hubo problemas en la familia. La

---

2 Durante la época del profeta Joel, esto representaba las fuerzas progresivas que fueron enviadas para destruir a la nación. Joel 1:4 dice "Lo que quedó de la oruga comió el saltón, y lo que quedó del saltón comió el revoltón; y la langosta comió lo que del revoltón había quedado." No había escape, pero Dios prometió restauración después del arrepentimiento. Joel 2:25 dice "Y os restituiré los años que comió la oruga, el saltón, el revoltón y la langosta, mi gran ejército que envié contra vosotros. Comeréis hasta saciaos y alabaréis el nombre de Jehová vuestro Dios el cual hizo maravillas con vosotros; y nunca jamás mi pueblo será avergonzado.

Palabra de Dios dice que debemos soltar todo y permitir que Dios se encargue. Permite que Dios restaure Su propósito y diseño en ti.

El perdón abre la puerta a la sanidad. Cuando confesamos nuestras ofensas los unos a los otros, entonces podemos ser sanados. Santiago 5:14-16 (NTV) "¿Alguno está enfermo? Que llame a los ancianos de la iglesia para que oren por él y lo unjan con aceite en el nombre de Jesús. Una oración ofrecida con fe, sanará al enfermo, y el Señor hará que se recupere; y si ha cometido pecados". La sanidad fluye cuando confesamos nuestros pecados los unos a los otros. No creo que todas las enfermedades, ya sean físicas o mentales se atribuyan a los pecados sin confesar, pero la Palabra de Dios nos dice que si confesamos nuestros pecados y oramos unos por otros entonces seremos sanos. Cuando Jesús murió, ríos de sangre fueron derramadas para nuestro perdón y su cuerpo quebrantado para nuestra sanidad. Su sacrificio fue para sanar los traumas y el dolor que nuestros cuerpos absorben cuando nos hacen algo malo. Los cuerpos y mentes absorben también dolor emocional, así como guardan el dolor físico. Suelta lo que es necesario que sueltes. Mientras Dios te muestra un nivel para que comience la sanidad en el otro nivel.

La escritura describe una prioridad de la bendición de Dios en el Salmo 103:1 "Bendice, alma mía, a Jehová, Y bendiga todo mi ser su santo nombre" (Comienza adorando por quien Él es). El verso 2 dice: "Bendice, alma mía, a Jehová, Y no olvides ninguno de sus beneficios." (Bendice a Dios por lo que Él hace). El verso 3 dice: "Él es quien perdona todas tus iniquidades (El primer beneficio es el perdón), el que sana todas tus dolencias (El segundo beneficio es la sanidad);" el verso 4 dice: "Él es el que rescata del hoyo tu vida (El tercer beneficio es la protección), el que te corona de favores y misericordias (El cuarto beneficio son las bendiciones y misericordias en abundancia)". El verso cinco dice: "el que sacia de bien tu boca (El quinto beneficio es estar lleno de cosas buenas) de modo que te rejuvenezcas como el águila (El sexto beneficio es la renovación de vida y juventud)". Definitivamente hay un orden divino.

El perdón lleva a bendición y felicidad. Salmos 32:1-5 dice: "Bienaventurado aquel cuya transgresión ha sido perdonada y cubierto su pecado. Bienaventurado el hombre a quien Jehová no culpa de iniquidad, Y en cuyo espíritu no hay engaño. Mientras callé, se envejecieron mis huesos en mi gemir todo el día. Porque de día y de noche se agravó sobre mí tu mano; Se volvió mi verdor en sequedades de verano. Selah, [pausa y calmadamente piensa en eso]! Mi pecado te declaré, y no encubrí mi iniquidad. Dije: Confesaré mis transgresiones a Jehová; Y tú perdonaste la maldad de mi pecado." Los huesos de este hombre se estaban desgastando, el calor de su vida se había ido. Cuando estamos separados de Dios es como tierra árida. Cuando uno acepta el pecado, todo lo demás es resuelto. Todo es un proceso, la Biblia dice que Él perdonó nuestras iniquidades y culpas. Bendecidos, bienaventurados y envidiados son aquellos cuyos pecados les son perdonados. La bondad de Dios está sobre nosotros.

Tercero, el poder del perdón trae reconciliación: nada puede ser unido sin arrepentimiento y perdón. Jesús pidió perdón por quienes lo ejecutaron. ¿Qué tal si no lo hubiera hecho? ¿Qué tal si hubiera permitido que toda la amargura quedara en su corazón? ¿Qué tal si no hubiera dejado irnos a quienes lo pusimos ahí? ¿Si no hubiera perdonado desde la cruz? Él hubiera anulado la cruz y no hubiera podido ser nuestro Salvador. Habría fallado el amor, la cruz más el amor nunca falla y definitivamente su amor no falló en la cruz. Su sacrificio es el acto de amor más grande en la historia del mundo lo cual nos permite comenzar una y otra vez. Dios no pudo hacer menos que eso. Algo que es completo y que muestra su infinito amor. No podemos ayudar a otros si no estamos dispuestos a perdonarlos. Tampoco podemos ayudarlos si no nos arrepentimos. El perdón es el camino hacia la reconciliación. No significa que merecen perdón, tampoco significa que no lo harán otra vez, solo significa que es el camino al cielo que se ha abierto para ellos y para nosotros, lo demás le pertenece al libre albedrío humano. Si nos rehusamos a perdonar y a permitirle al poder del Espíritu Santo trabajar en nosotros hemos cortado nuestra salvación y quizás también la de ellos.

Cuando perdonamos soltamos a otros de la penalidad de ley que iba a venir en su contra. Si continúan sus pecados pueden experimentar esa penalidad, mas hay algo que se desata en el cielo para que pueda ser desatado en la tierra. Si no perdonamos, estamos atando a las personas con la misma soga con la que nos han atado y siempre estaremos atados a la persona en esa área de dolor, insulto o falta.

En Lucas 23:34 leemos: "Jesús dijo, Padre, perdónalos porque no saben lo que hacen." ¿Qué quiso decir Jesús con esto? Él quiso decir que la gente no sabía cuál era el costo de sacrificar al Hijo de Dios. Eran ignorantes de lo terrible que era tocar al Unigénito Santo Hijo de Dios. Eran ignorantes por no ver los resultados profundos y la confusión que esto traería por milenos y el dolor profundo que estaban causando. Las personas no conocían el alcance de la pérdida, rechazo o destrucción. Jesús sabía eso en la cruz y sabía que sus agresores no podían procesar la magnitud de su odio, ignorancia y maldad por eso los perdonó. Era algo tan divino que sólo Dios puede hacer, es un nivel de amor para ver lo que un Dios vivo puede hacer. Sólo alguien que experimenta la eternidad y está seguro que Dios lo puede hacer. Cuando vemos hacia atrás en nuestras vidas para recordar la destrucción que otros nos han causado, la forma más grande del amor es dar amor en vez de maldad. El Señor nos enseña a soltar a personas que nos odian y lastiman deliberada e ignorantemente. Cuando liberamos a otros, nos liberamos nosotros mismos del poder de su pecado. Y entonces, algunas tragedias son tan terribles que lo único que se puede hacer es perdonar sino lo hacemos viviremos una vida de odio y moriremos emocionalmente.

De tal manera, la única forma de no gastar dolor y sufrimiento es perdonar a la gente y perdonarse a uno mismo para que podamos tener un propósito. El dolor puede ser un punto de inflexión para nuestro propósito. Es un lugar donde podemos decidir retroceder o avanzar con Dios. La Biblia nos dice que debemos vencer el bien con el mal. Podemos trascender el dolor y sufrimiento con el poder de Dios para encontrar los caminos de sanidad, entendiendo quienes somos realmente, aprender a ser como Jesús y así también poder ayudar a otros. Esto no es un proceso de la noche a la mañana sino algo que se hace toda la vida.

El perdón lleva consigo la verdad, reconoce quien hizo qué. Sólo con la verdad en las partes internas podemos esperar plenitud porque debemos ser honestos con nosotros mismos y con Dios para que podamos arrepentirnos y perdonar. Muchas personas minimizan lo que Dios ha hecho en ellos porque piensan que no es tan malo si lo comparan con los problemas de alguien más. También lo repriman o intentan ignorarlo con comida, sexo, entretenimiento, dinero y distracciones para seguir sus vidas. Otras personas viven en estado de negación pretendiendo que no sucedió nada, adoptan otra personalidad y actúan diferente. Cuando hay un trauma muy profundo, hay diferentes personalidades que son adoptadas para separarse de ellos mismos y navegar por la vida. No hay formas de cubrir mentiras, de bloquear la verdad, engaños y desengaños para protegerse de sí mismos. Debemos admitir si alguien nos hizo daño o si nosotros hicimos algo mal para que la verdad salga a la luz. El Salmo 86:11 dice: "Enséñame, oh Jehová, tu camino; caminaré yo en tu verdad; Afirma mi corazón para que tema tu nombre." Esa unidad de corazón es el resultado final del arrepentimiento, perdón, libertad, sanidad y restauración, la cual nos permite caminar en Su verdad. Honestamente, se requiere del poder del Espíritu Santo para arrepentirse y perdonar.

Mateo 18:21-35 (NTV) verso 21 dice: "Luego Pedro se le acercó y preguntó: —Señor, ¿cuántas veces debo perdonar a alguien que peca contra mí? ¿Siete?" Verso 22 "¡No! Respondió Jesús, '¡setenta veces siete!'". Este es un verso muy interesante porque setenta veces por siete son muchas veces, esto significa que no hay limitaciones en el mandamiento de Jesús acerca del perdón. Podemos pensar que ya es suficiente o que es la última vez. Que eso es lo peor que han hecho, mas Jesús no tiene limitaciones para perdonar. También nos muestra que el perdón no es una acción que ocurre una vez, oramos para que el transgresor (la persona que hizo mal) entienda (o no) y es un poco más profundo para lidiar con las raíces que han sido causadas por el pecado. El pecado es el fruto; el problema comienza con la raíz. Desafortunadamente, mientras eso se arregla, las personas alrededor sufren, mi oración es que las personas puedan llegar a la raíz, eso hace que todo sea más fácil. Quizás lleguen o no. Mientras tanto, cambiaremos mientras perdonemos y confiemos en Dios. En ese pasaje, la parábola anterior a esto habla de un rey que perdonó a un sirviente que le debía dinero, mas ese sirviente no le ofreció perdón a otro sirviente igual que él que también le debía dinero. Cuando el rey se enteró que el siervo no perdonó al otro se enojó. Al final ambos sirvientes fueron a la cárcel y tuvieron que pagar su deuda. La enseñanza es que, sin perdón, todos estamos encarcelados. El verso 35 dice: "Eso es lo que les hará mi Padre celestial a ustedes si se niegan a perdonar de corazón a sus hermanos."

Cuarto punto, el poder del perdón trae prosperidad, no me refiero exclusivamente a la prosperidad monetaria, aunque puede incluir eso. Reconocemos que hay muchas personas con dinero que están amargadas, infelices y perdidas. La prosperidad del alma nos puede llevar a la prosperidad de muchas otras áreas. Si estás buscando prosperidad en tu vida, comienza a perdonar y arrepentirte. Dios quiere bendecirte con prosperidad. La Palabra de Dios dice en Proverbios 28:13-14: "El que encubre sus pecados no prosperará; Mas el que los confiesa y se aparta alcanzará misericordia. Bienaventurado el hombre que siempre teme a Dios; Mas el que endurece su corazón caerá en el mal." No podemos prosperar en nuestro propósito ante Dios sin perdón, no podemos prosperar en nuestros corazones sin perdón. Los corazones libres pueden recibir el perdón, las bendiciones, favor, sabiduría, dirección, paz y recompensas de Dios. Sí, de nuestros corazones fluye problemas de la vida, pero si confesamos nuestros pecados, los soltamos y los dejamos ir tendremos misericordia. El corazón de Dios se ablanda cuando nuestros corazones se vuelven contritos y humillados. La dureza de corazón es el resultado del corazón engañoso. Proverbios 28:14 dice: "Bienaventurado el hombre que siempre teme a Dios; Mas el que endurece su corazón caerá en el mal." Debemos confiar en el poder de Dios.

El poder del perdón se arraiga profundamente en nuestros corazones, incluso en las fallas escondidas. Permite que las palabras y las meditaciones de tu corazón estén unidas a Él. Si no hacemos esto, estaremos siendo hipócritas. Lo único que puede hacer que cambiemos es el poder del amor y perdón, y el permitir que el Señor reine en nuestros pensamientos y corazón.

Quinto punto, el poder del perdón desata la autoridad y herencia del Hijo para nosotros. Lucas 15:17-21 dice: "Y volviendo en sí, dijo: ¡Cuántos jornaleros en casa de mi padre tienen abundancia de pan, y yo aquí perezco de hambre! Me levantaré e iré a mi padre, y le diré: Padre, he pecado contra el cielo y contra ti. Ya no soy digno de ser llamado tu hijo; hazme como a uno de tus jornaleros. Y levantándose, vino a su padre. Y cuando aún estaba lejos, lo vio su padre, y fue movido a misericordia, y corrió, y se echó sobre su cuello, y le besó. Y el hijo le dijo: Padre, he pecado contra el cielo y contra ti, y ya no soy digno de ser llamado tu hijo." Aunque el hijo pródigo tomó su propio camino, quebró el corazón de su padre y malgastó su herencia, cuando se arrepintió, se le fue dado el título de hijo que no había entendido antes. El deseo del Padre es que entendamos que somos sus hijos, pero a veces se necesita el quebrantamiento para llegar ahí. Cuando regresamos a casa y recibimos su perdón entendemos que somos sus hijos y eso nunca cambia. Lo que obtenemos es un tipo de apreciación nueva hacia nuestro Padre. Él no nos ha quitado nuestra herencia, de hecho, nuestra herencia es tan grande que no podemos perderla. Nosotros somos los que nos vamos. El hermano mayor que no se fue también era un hijo pródigo, a pesar que era "bueno" y nunca desobedeció a su padre, no conocía su corazón. Hubiera dado lo mismo si hubiera estado en otro país. Aunque estaba en la casa de su padre, él vivía cautivo al intentar ser bueno y ganar el amor de su padre, mientras Cristo, el hermano menor no visto imparte Su bondad a través de la gracia. Su amor ya ha sido dado. Cuando somos liberados por Cristo, somos libres para obedecer y no bajo esclavitud.

Él ha sido lastimado y nos sanará. Oseas 6:1-2 dice: "Venid y volvamos a Jehová; porque él arrebató, y nos curará; hirió, y nos vendará. Nos dará vida después de dos días; en el tercer día nos resucitará, y viviremos delante de él." La promesa de la resurrección se encuentra en estos versículos, pero debemos regresar al Señor. Él nos quebranta y también nos sana.

Sexto punto, el poder del perdón está conectado a las oraciones contestadas y a los milagros. Marcos 11:22-25 dice: "Respondiendo Jesús, les dijo, Tened fe en Dios. Porque de cierto os digo que cualquiera que dijere a este monte: Quítate y échate en el mar, y no dudare en su corazón, sino creyere que será hecho lo que dice, lo que diga le será hecho. Por tanto, os digo que todo lo que pidiereis orando, creed que lo recibiréis, y os vendrá. Y cuando estéis orando, perdonad, si tenéis algo contra alguno, para que también vuestro Padre que está en los cielos os perdone a vosotros vuestras ofensas." La falta de perdón nubla nuestra fe y el poder de nuestras oraciones, si no perdonamos, hemos puesto nuestros sentimientos por encima de Dios. ¿Cómo podemos prevalecer en otras áreas? Ganemos la batalla dentro de nosotros y seremos libres para tener fe en otras. Los vencedores heredan todo. El perdón es la llave.

Séptimo punto, el perdón es el camino hacia la expansión de nuestra capacidad para recibir de Dios y de otros. Derrumba los muros de separación entre Dios, nosotros mismos y otros. Una manera de expandir el amor en nuestras vidas es por medio del perdón. Es también el primer paso para sanar las heridas del corazón, es el trabajo preparatorio para el poder de sanidad por medio del Espíritu Santo. El perdón acepta que Jesús tiene el control de nuestras vidas y que debemos imitar su carácter. El perdón es un acto de fe y de amor, está designado para desatar el poder de Dios en nuestros lugares de quebrantamiento. El perdón aumenta con nuestras obras. Dos son mejor que uno, el Señor tiene que estar con nosotros para comenzar. El quebrantamiento, pecado y transgresiones aíslan a las personas, y las personas que están aisladas de Dios no están posicionados para crecer. Debemos extender la misericordia de Dios hacia otros así como la hemos recibido. Sé misericordioso contigo también. El perdón expande las posibilidades, pero la falta de perdón las disminuye porque cortamos la habilidad de nuestros corazones para amar a otros y conectarnos con el Señor, mas si perdonamos a todos y nos perdonamos a nosotros mismos entonces tendremos esa capacidad. El amor es poderoso, el amor creó el universo, el amor te formó a ti, el amor envió a Jesús y lo levantó de entre los muertos. El amor desató y envió al Espíritu Santo para restaurar familias, ciudades y naciones. El perdón es un acto de fe, un requisito para el Reino. No hay progreso sin perdón y arrepentimiento, ambos son claves de fe

increíbles que si son usadas junto a otros procesos pueden traer liberación y sanidad interior descritos en este libro.

Cuando hay falta de perdón somos atormentados. Jesús explicó
esto en parábola también. Porque donde hay perdón hay libertad,
Jesús explicó esto con su vida, muerte y resurrección. He explicado
mucho esto en este libro porque debemos entender que estas son las
llaves para entrar al Reino. Con el arrepentimiento uno provee la
verdad y Dios provee la gracia. No quiero enfadarte repitiendo lo
mismo una y otra vez pero tendremos que arrepentirnos y perdonar
el resto de nuestras vidas así que permite que esto se convierta en
un patrón de tu espíritu. En otras palabras, estoy diciendo "Acos-
túmbrate" de una manera muy productiva que tendrá recompensas
gratas.

SEGUNDO NIVEL: DEMONIOS

Ya que hemos tratado con el Señorío de Cristo reconociendo la verdad como Él nos la muestra y amamos como Él nos lo demuestra a través del arrepentimiento y perdón, entonces podemos llegar a la siguiente etapa de limpieza. La Escritura dice que Dios vino a deshacer las obras del enemigo. El cristiano moderno quizás se pregunte ¿Qué son las obras del diablo? Para responder esa pregunta, simplemente miremos el ministerio de Jesús. Por medio de su modelo de ministerio, la cruz y la resurrección revirtieron o "deshicieron" las obras del diablo libertando a las personas de demonios, enfermedades, tristeza, pecado, ignorancia espiritual, separación de Dios, oscuridad espiritual y la muerte misma, todas estas son obras del diablo. Por medio del poder de la sangre de Jesús y el Espíritu Santo somos libres del poder y penalidades del pecado, mientras los resultados del pecado pueden ser mitigados (menos dolorosos, menos severos). Jesús perdonó a las personas de sus pecados, les decía que siguieran su camino para que pudieran restaurar su relación con el Padre. Entonces por medio de la muerte y resurrección, Él pasó el ministerio de "Deshacer las obras del diablo" a su cuerpo, a quienes son nacidos de nuevo, llenos del Espíritu, a una iglesia llena de su Espíritu.

El ataque blasfemo en contra de Dios Padre, Dios Hijo y Dios Espíritu Santo, tres en uno, y el terrible camino de destrucción en contra de la creación, especialmente los seres humanos que comenzó en el trono del cielo por un rebelde llamado satanás quien llevó su rebelión y destrucción a la tierra, contaminando al hombre y a la mujer en el jardín del Edén, podría ser desecho continuamente por medio de la sangre de Jesús, la palabra de Dios, el poder del Espíritu Santo por medio de los creyentes. Como parte de ese giro, buscamos el segundo nivel de limpieza el cual es la libertad de la influencia demoniaca. "Si el Hijo os libertare, seréis verdaderamente libres." Juan 8:36.

Jesús liberó a las personas de la opresión, posesión y compulsión de demonios. Cuando leemos las escrituras es claro que Jesús pasó la tercera parte de su ministerio en la liberación de demonios. ¿Acaso estos espíritus desaparecieron de repente ahora que vivimos en un mundo moderno? No, yo diría que se ha multiplicado la influencia de demonios porque se han roto las formas tradicionales de protección como el matrimonio, la familia, instituciones tradicionales y se han incrementado exponencialmente en la comunicación demoniaca, destructiva y engañosa de nuestra sociedad alrededor del mundo. No hay palabras para describirlo. Jesús comenzó su ministerio con estas palabras en Lucas 14:18-19: "El Espíritu del Señor está sobre mí, Por cuanto me ha ungido para dar buenas nuevas a los pobres; Me ha enviado a sanar a los quebrantados de corazón, a pregonar libertad a los cautivos y vista a los ciegos, a poner en libertad a los oprimidos y predicar el año agradable del Señor". Sus temas fueron liberación, libertad, sanidad y restauración.

Nunca ganaremos nuestro lugar de libertad y el poder que Dios desea para nosotros si estamos controlados u oprimidos por espíritus inmundos. Nuestro poder es reducido en el mundo espiritual incluso cuando somos salvos. Voy a usar los términos "espíritus inmundos", "espíritus malignos" o "demonios" de manera intercambiable.

Primeramente, permíteme decirte que no creo que un cristiano puede ser poseído por un demonio o demonios. El ser poseído por un demonio negaría la realidad que estamos poseídos por el Señor Jesucristo y que hemos sido liberados por el Padre de todo poder de las tinieblas y trasladados al Reino por medio de su Hijo Amado. Colosenses 1:13 dice: "el cual nos ha librado de la potestad de las tinieblas, y trasladado al reino de su amado Hijo, en quien tenemos redención por su sangre, el perdón." Cuando entregamos nuestra vida a cristo y somos "nacidos de nuevo" esa decisión es respaldada por todo el poder del cielo y los espíritus que están vivos en Cristo Jesús. Además, nuestras almas han sido otorgadas con una habilidad expandida para escoger de nuevo a través del Espíritu de Dios Tenemos la capacidad de ser guiados por el Espíritu en vez de ser guiados por nosotros mismos. No, no podemos ser poseídos por un demonio o demonios, hemos sido comprados y pagados por precio por medio de la poderosa y redentora sangre de Jesús que fue derramada en la cruz y puesta en misericordia en los cielos.

Por lo tanto, los demonios no pierden influencia automáticamente o dejan de oprimir a los cristianos simplemente porque son nacidos de nuevo. Nacer de nuevo implica eso, comenzamos a crecer (como un bebé) y hasta llegar a la estatura de Cristo. Somos nacidos de nuevo cuando tenemos el Espíritu de Dios y la voluntad de Dios en nuestros corazones para ayudarnos con la liberación en nuestro caminar como creyentes. Los creyentes deben entender que ser "nacido de nuevo" no es solamente aceptar a Jesús en el corazón sino comenzar la vida de nuevo, con una nueva naturaleza y el poder del Espíritu y la sangre de Jesús para llegar a la estatura que Dios ha asignado para cada uno de nosotros desde la fundación del mundo. Los creyentes aún pueden abrir las puertas a demonios para influir, oprimir y tomar control de sus vidas todos los días. Recuerda a Naamán, cuando finalmente salió del Jordán la séptima vez, su piel era como la de un bebé. Quizás este sea también un mensaje importante. La sanidad para liberación y sanidad comienza de nuevo. Así como un bebé, estás siendo llevado a un nuevo fundamento que es la Roca, Cristo Jesús, en vez de a un fundamento en uno mismo o patrones generacionales familiares. Para ser libres se necesita ser desenredado en el ámbito espiritual, mente y cuerpo. Este proceso es uno que no termina y nos lleva aun más lejos.

Yo creo que los cristianos pueden ser "demonizados" o partes de sus almas o cuerpos pueden ser influenciadas y controladas por demonios. Por ejemplo, para ilustrar como los espíritus pueden afligir áreas de nuestras almas o cuerpos hablaremos de un ejemplo que se encuentra en Lucas 13:10-17, aquí se describe a una mujer que había estado encorvada por mas de 18 años. Tenía una atadura en el área física, no dice que su mente estaba atada o que tenía necesidades incontrolables o que no podía cantar o comer. No, dice que su espíritu estaba poseído. El verso 10 dice: "Enseñaba Jesús en una sinagoga en día de reposo. [11] y había allí una mujer que desde hacía dieciocho años tenía espíritu de enfermedad (UN ESPIRITU, NO SOLO UNA ENFERMEDAD REGULAR), y andaba encorvada, y en ninguna manera se podía enderezar (NO PODIA AYUDARSE ASIMISMA PARA LIBERARSE DE ESTE DEMONIO). Cuando Jesús la vio, la llamó y le dijo: Mujer, eres libre de tu enfermedad

(EL PODER DEL ESPIRITU SANTO Y LA AUTORIDAD DE JESUS FUERON APLICADAS). Y puso las manos sobre ella; y ella se enderezó luego, y glorificaba a Dios. Pero el principal de la sinagoga, enojado de que Jesús hubiese sanado en el día de reposo, dijo a la gente: Seis días hay en que se debe trabajar; en éstos, pues, venid y sed sanados, y no en día de reposo. Entonces el Señor le respondió y dijo: Hipócrita, cada uno de vosotros ¿no desata en el día de reposo su buey o su asno del pesebre y lo lleva a beber? Y a esta hija de Abraham (ESTABA BAJO EL PACTO Y AUN ASI ERA ENCORVADA POR EL DEMONIO), que Satanás había atado dieciocho años, ¿no se le debía desatar de esta ligadura en el día de reposo? Al decir él estas cosas, se avergonzaban todos sus adversarios; pero todo el pueblo se regocijaba por todas las cosas gloriosas hechas por él."

Ahora, estamos bajo un nuevo pacto, no bajo la ley de Moisés, como esta mujer. Somos un cuerpo en Cristo, habilitados por el Espíritu Santo para deshacer las obras del diablo como lo hizo Jesús. En aquel entonces, se requería que Jesús echará fuera este demonio o alguien que tuviera una posición de sacerdocio quien entendía su autoridad. Mi punto es, el espíritu no la poseía, sino que disminuía su vida en cierta área. Hoy somos reyes y sacerdotes, tenemos una posición en el cielo para echar fuera demonios. Tenemos la sangre de Jesús, el nombre de Jesús, la palabra de Dios y el poder del Espíritu Santo operando en nosotros. Tenemos santidad, autoridad, poder y dirección. Podemos echar fuera demonios, incluso demonios dentro de nosotros. La mujer tenía un espíritu que la jorobó por 18 años, necesitaba el poder de Dios para ser libre.

Jesús les dijo a sus discípulos en Marcos 16:17: "Y estas señales seguirán a los que creen: En mi nombre echarán fuera demonios; hablarán nuevas lenguas." ¿Estaba Jesús bromeando o dando una sugerencia? Somos creyentes operando bajo señales, prodigios y milagros, limitados a la pequeña multitud de discípulos que fueron llenos del Espíritu Santo en el aposento alto y después desaparecieron cuando el murió. ¿O somos creyentes llevando a cabo una misión? Obviamente, Él estaba diciéndonos acerca del poder sobrenatural porque iba a irse de esta tierra. Nosotros, el cuerpo de Cristo, llevaríamos sus obras hasta los confines de la tierra. El poder dado a quienes "creen", si tú crees, estás incluido en este grupo. 1ª Juan 4:17 dice: "En esto se ha perfeccionado el amor en nosotros, para que tengamos confianza en el día del juicio; pues como él es, así somos nosotros en este mundo." Esto significa que somos como Él en este mundo, con su carácter y poder. Debemos ir por todo el mundo y predicar el evangelio a toda criatura. Tenemos autoridad por el Espíritu Santo y veremos las esas señales. Los discípulos ni siquiera pudieron llevar a cabo la gran comisión en aquel entonces porque estaban limitados por la tecnología y medios de transportación. Esto requiere tecnología y comunicación moderna.

Jesús dijo que la primera señal sería echar fuera demonios y la segunda sería hablar nuevas lenguas. Hay una razón por la cual existe este orden, primeramente, tenemos poder sobre el enemigo. El estructura de poder cambió por el poder de la sangre de Jesús por medio de la cruz, y hablar nuevas lenguas es un don del Espíritu Santo y la evidencia de su llenura. Entonces las "señales" son hechas por el Espíritu Santo. Jesús se estaba yendo, ¿quien iba a hacer su trabajo? Nosotros, con el poder y autoridad del Espíritu Santo, actuando en fe.

Volviendo al tema de la liberación: debemos notar que las capas de la limpieza, liberación, sanidad y restauración a menudo coinciden. También son parte de un proceso en desarrollo. Mientras la libertad se puede obtener en un área, el Señor quizás nos lleve a otro nivel para trabajo más profundo. Puede guiar a quienes ministran para desatar restauración, sanidad y desarrollo del alma e identidad. Le he pedido a Dios por el alma de una persona o trabajo creativo en su identidad. Es un trabajo creativo y liberador. No hay pasos lineales en esta ecuación. Son multidimensionales y multidireccionales, a veces todos al mismo tiempo, capa por capa como lo dirige el Espíritu Santo, es algo que ocurre hasta que dejemos este planeta. Por lo tanto, la influencia o control demoniaco o como muchos le dicen "demonización" necesita ser tratado en cierto punto. Quizás Dios nos dirija a dar a luz a la "nueva persona" o para orar por el crecimiento y desarrollo que se ha dificultado en la vida de esa persona que ha estado cautiva desde su niñez y todo está ocurriendo mientras echamos fuera un espíritu maligno o quebrando una maldición.

Eventualmente, debemos tratar con la opresión de los espíritus malignos. Su entrada y su expulsión. Los demonios no entran en donde no son invitados. Una puerta debe ser abierta para que un demonio pueda entrar ya sea deliberadamente o accidentalmente. La influencia demoníaca generalmente entra por el pecado, el pecado abre la puerta, quizás no sea nuestro propio pecado, mas alguien abrió una brecha espiritual que permitió que un espíritu inmundo o influencia a ejercer control en la vida de una persona. Los demonios siempre tienen terreno legal, ya sea un pecado persona, alguien cometió pecado contra ellos, trauma, ignorancia, conjuros, hechizos generacionales y demás para oprimir nuestra alma y cuerpo. El diablo es un abogado, un abogado corrupto que desea mantenernos atados (no tengo nada en contra de los abogados, yo soy abogada y también soy pastora), el punto es que el diablo utiliza los asuntos legales para mantenernos atados como un acusador (por ejemplo, nuestro pecado) para mantenernos en cautiverio y nos dice que deberíamos estar en la cárcel, que no merecemos ser libres, que merecemos estar atados y amarrados. El diablo nos tienta y luego nos acusa. Es un Sistema efectivo que ha usado desde el principio y caemos en su juego todo el tiempo. Nosotros también tenemos un abogado, Jesús es nuestro abogado que nos defiende con el Padre (1ª Juan 2:1) por medio de su sangre. Él intercede por nosotros; Él compró y pagó por nuestro pecado en la cruz porque nos ama. Nos dio perdón, sanidad, libertad; Él llevó nuestras faltas, nos liberta de la esclavitud del pecado. Mucha gente no conoce a nuestro hermoso y amoroso Padre, mucha gente cree que Dios es el acusador y es todo lo contrario. El Padre no nos envío a condenar al mundo sino a salvarlo. Él envió a su hijo a ser nuestro abogado. Tristemente, si no recibimos a Jesús como abogado, seremos juzgados por el Padre sin el beneficio de Jesús como nuestro mediador.

Permíteme darte un ejemplo de un espíritu que entra por medio del pecado y hablaré de esto en las siguientes páginas. Si uno se expone a la pornografía es muy probable que un espíritu de perversión o lascivia entren a nuestra alma. Pronto, un pensamiento visual de pecado sexual comienza a expandirse. Los demonios comienzan a manipularte en este punto, va más allá del pensamiento natural, incluso puede haber cambios psicológicos. Esta no es una batalla que puede ser ganada en lo natural. Es como una arboleda en los corazones, almas y mentes que se hace más fuerte química y emocionalmente. Jesús fue muy claro, del corazón salen los malos pensamientos, adulterios, fornicaciones, etc. Él sabía que era un problema interno, no tienes que estar cometiendo un acto físico para estar en pecado. Jesús sabía que la imaginación era el primer punto de formación para pecado y por lo tanto declaró que el "corazón" debía ser transformado.

Otro ejemplo es si una persona es sexualmente abusada en su niñez, no solo los espíritus pueden ser transferidos del abusador hacia el niño/a sino también el enojo, odio, odio hacia uno mismo, rechazo, depresión, tristeza u opresión pueden entrar al corazón herido. La transferencia inicial fue sin querer y llegó por medio del pecado de alguien más. Los otros espíritus vinieron por medio de la puerta abierta de la violación. El quebrantamiento emocional ocurre, desarrollo emocional bloqueado, ataduras que no son de Dios, patrones de dolor, hechizos generacionales pueden ser pasados y mucho más.

Puedes ver cómo la "liberación de los cautivos" sanidad de los quebrantados son un mandato para sanidad y liberación para todos nosotros. Jesús no quería que la mujer de la sinagoga estuviera encorvada por 18 años y no quiere que nosotros vivamos encorvados tampoco. La sanidad y liberación trabajan en conjunto. Cuando se ministra liberación de algún sujeto, digamos que es el temor, siempre es bueno ir hacia atrás para buscar lo que ocasionó el problema, entonces puede haber perdón y arrepentimiento como es necesario. Hay que quebrar maldiciones generacionales que serán descritos más tarde, el quebrar ataduras y echar fuera demonios. Si no haces esto, estas lidiando con el fruto y no con la raíz.

No cada problema es demoniaco y no siempre la solución es la de echar fuera demonios, pero es importante reconocer esta área de limpieza para que pueda haber restauración profunda. Discernir espíritus es importante, un demonio puede entrar fácilmente si hay daño generacional. Si quitas los derechos legales, el demonio tiene que irse también. Me gusta hacer que la gente se arrepienta en el área donde el espíritu es discernido (personal y generacionalmente), renunciar al pecado (si es un problema de pecado), entonces la atadura es rota y también los pactos que no son de Dios. Entonces la liberación (el echar fuera al espíritu, atarlo y obligarlo a que se vaya) se hace más fácil. Después de eso, hay que orar por sanidad y quebrantamiento. De esta forma, ese espíritu inmundo acosador no puede entrar de nuevo.

A veces no estamos tratando con un problema de pecado persona sino una persona en la cual se ha hecho un pecado en su contra. En tal caso, el perdón abrirá la puerta para liberación y sanidad. He tenido que tratar con muchas personas que encuentran muy difícil el perdonar a otra persona que les ha hecho daño. Cuando lo hacen, el espíritu que los atormentaba se va rápidamente, hasta que esto sucede, hay derechos legales para que el espíritu se quede. Cosas milagrosas suceden con el perdón. No tienes que sentir perdón simplemente hazlo por fe.

El pecado es alimentado por algo, a veces ese espíritu inmundo operando en la parte de nuestra naturaleza que no ha sido redimida, el pecado puede ser alimentado también por patrones generacionales y partes lastimadas de nuestra alma. Si quitas el combustible y obediencia es mucho más fácil. No solo me refiero a esto en el ámbito físico, cosas como la lujuria sexual o la avaricia las cuales son movidas por naturaleza. Hay demonios que se alimentan de la naturaleza caída o el estado incompleto que no ha sido redimido. Pueden empujar a la gente a tener temor, rebeldía, perversión, odio, abuso y violencia para nombrar algunas áreas. ¿Cómo puede la gente hacer tantas actividades malas y destructivas? Estos espíritus son reforzados solo por un nivel espiritual más alto también. No estamos luchando contra sangre ni carne sino contra potestades y poderes de las tinieblas. El príncipe de poder de los aires está trabajando en los "hijos de la desobediencia" cambiando sus pensamientos, emociones y comportamiento, trazando el curso del mundo, cualquiera que este sea en este momento. Mira Efesios 2:2, el lado opuesto, el Espíritu Santo habilita a la nueva naturaleza a florecer e influencia nuestro nuevo comportamiento. Filipenses 2:13 dice: "Porque Dios es el que en vosotros produce así el querer como el hacer, por su buena voluntad". Hay dos reinos espirituales (y sólo dos), vas a escoger uno, aunque no te des cuenta. No hay neutralidad en esto. Sólo hay un Reino de Dios y un reino del diablo. El Reino de Dios ha sido establecido en su santidad, el amor y la verdad revelada en su Escritura. El reino del diablo se ha establecido en su inmundicia, rebelión y mentira. Es por la sangre de Jesús y solo por la sangre de Jesús que podemos entrar al Reino santo de Dios.

La Escritura nos muestra claramente que los espíritus pueden entrar desde la niñez. De hecho, en mi experiencia ministrando liberación, la niñez es el horario central del acceso demoniaco por la inocencia de los niños, la ignorancia y descuido de los niñeros, o su participación en lastimar a los niños. La transferencia demoniaca o influencia puede venir por medio de los niñeros/padres. Los espíritus también pueden venir en "paquete" generacionalmente, solamente por el hecho de nacer. Puede ser transferidos por medio de actividades ocultas de los padres/generaciones anteriores y muchas maneras diferentes. En Mateo 15:22-27 una mujer siro-fenicia vino a Jesús con una hija endemoniada. Una traducción dice que estaba "gritando fuerte". Su hija era cruelmente atormentada por el demonio. Los discípulos decían, despídela. Jesús mismo le dijo que su misión era para las ovejas perdidas de la casa de Israel. Él dijo que no estaba bien quitarles el pan a los hijos para dárselo a los perros. Pero ella persistió. Se calló y lo adoró diciendo con humildad "sí, Señor; pero hasta los perros comen las migajas que caen de la mesa de sus amos", entonces Jesús liberó a su hija del demonio.

Todos conocemos la historia, Jesús le dijo, "Qué grande es tu fe. Que se cumpla lo que quieres. Y desde ese mismo momento quedó sana su hija." Nota, ella no estaba bajo el pacto de Abraham y Moisés antes de accede a su milagro causado por fe apuntando a su nuevo mundo gentil en el horizonte.

Jesús la libera "el pan de los hijos" les pertenece a los hijos de Dios, no a los incrédulos, por que satanás estaría luchando contra satanás. Ese es nuestro pan, no solo la leche de la palabra que nos alimenta, no solo la miel de la palabra que alumbra nuestros ojos y endulza nuestros espíritus amargados o la carne de la Palabra para el creyente maduro. Es pan, algo que podemos disfrutar en cualquier momento que puede acompañar todas las comidas, una parte integral del plan de redención. Es parte de ese Pan de Vida. Un buen padre sabe que el pan de sus hijos es sagrado, es importante y sin él no pueden crecer y su comida estaría incompleta, no quieres que alguien más se lo coma. La mujer dijo que incluso los perros se comen las migajas que caen de la mesa del maestro. Ella estaba dispuesta a hacer cualquier cosa para que su hija fuera libre del demonio que la atormentaba y el único que podía liberarla era Jesús; ningún programa, escuela especial, ningún medicamento ni consejería, y esa madre que no era de la casa de Israel lo sabía. No seamos descuidados con el pan y no permitamos que se caiga al piso. Tengamos comunión con Jesús porque Él es el Pan de Vida.

El enemigo nos da el pan de mentiras "maldad", a veces comemos de este pan malo porque estamos enfermos y pensamos que algo es mejor que nada. De cualquier manera, las mentiras y el mundo demoniaco que es abierto por medio de ellas están diseñado para destruir. Jesús, el Pan de Vida, ha venido a alimentar al mundo de su cuerpo quebrantado y su sangre para completar sanidad, liberación y restauración.

¿Qué tal el padre cuyo hijo se estaba echando hacia el fuego y el agua? Jesús le pregunta al padre, ¿Cuánto tiempo lleva tu hijo haciendo esto? El padre respondió desde que era un niño. Marcos 9:17-23 dice: "Y respondiendo uno de la multitud, dijo: Maestro, traje a ti mi hijo, que tiene un espíritu mudo, el cual, dondequiera que le toma, le sacude; y echa espumarajos, y cruje los dientes, y se va secando; y dije a tus discípulos que lo echasen fuera, y no pudieron. Y respondiendo él, les dijo: ¡Oh generación incrédula! ¿Hasta cuándo he de estar con vosotros? ¿Hasta cuándo os he de soportar? Traédmelo. Y se lo trajeron; y cuando el espíritu vio a Jesús, sacudió con violencia al muchacho, quien cayendo en tierra se revolcaba, echando espumarajos. Jesús preguntó al padre: ¿Cuánto tiempo hace que le sucede esto? Y él dijo: Desde niño. Y muchas veces le echa en el fuego y en el agua, para matarle; pero si puedes hacer algo, ten misericordia de nosotros, y ayúdanos. Jesús le dijo: Si puedes creer, al que cree todo le es posible." Por favor note todos los tipos de comportamiento destructivo causado por este demonio.

Los demonios no esperan a que alguien cumpla 18 años para preguntar "¿Puedo pasar?" y no juegan limpio, llegan al vulnerable, llegan a los niños inocentes y se pasan por medio de generaciones, llegan por medio de abuso sexual, físico, emocional y verbal, vienen cuando los niños son expuestos a cosas malvadas y perversas. Vienen con abandono, rechazo, y negligencia. Les dicen que no son deseados ni amados. Vienen a la gente joven quienes son ignorantes y abiertos para exponerse al mal. Tientan al joven a ser terco y oponerse a los buenos planes de Dios. No, el diablo no juega justo y está dispuesto a matar a un joven y arruinarlo por el resto de su vida. Jesús estaba muy enojado con quienes arruinaban los corazones y vidas de los pequeños. Lucas 17:1 dice: "Dijo Jesús a sus discípulos: Imposible es que no vengan tropiezos; ¡más! ¡ay de aquel por quien vienen! Mejor le fuera que se le atase al cuello una piedra de molino y se le arrojase al mar, que hacer tropezar a uno de estos pequeñitos." Básicamente Jesús estaba diciendo que sería mejor atarse el cuello una piedra de Molino que ofender a uno de sus pequeñitos que estaría hundido en perversidad, trauma, vergüenza o tristeza. Pero esto pasa todos los días. Regresar a la vida es más difícil con vidas quebrantadas, traumadas y corazones duros.

Si una persona joven comienza a actuar de forma autodestructiva como cortarse, tomar drogas, promiscuidad, comportamientos de alto riesgo, etc. Ciertamente puede haber un elemento demoniaco en este comportamiento y por tales decisiones la puerta se abre a más demonios.

Si el Espíritu Santo no nos está dando el poder, entonces el mundo, la carne y lo están haciendo, todos estos son muy fuertes. Pero en vez de darnos libertad, los espíritus malignos nos mantienen esclavizados. ¿Quién gobierna cuando hacemos algo que no podemos o no queremos hacer? ¿Es sólo la carne y la mente? No es de decir que la carne y las emociones no son poderosas; la carne es fuerte, la sangre es fuerte, pero hay ocasiones donde estamos tratando con espíritus que refuerzan la carne y sangre caída.

Santiago 1:13-15 dice que "cuando alguno es tentado, no diga que es tentado de parte de Dios; porque Dios no puede ser tentado por el mal, ni él tienta a nadie; sino que cada uno es tentado, cuando de su propia concupiscencia es atraído y seducido. Entonces la concupiscencia, después que ha concebido, da a luz el pecado; y el pecado, siendo consumado, da a luz la muerte."

Los demonios no pueden ser echados sin arrepentimiento o deseo de ser echados al menos que estemos tratando con alguien que carezca la capacidad, ya sea un niño o una persona en coma. De hecho, puede haber otros niveles de nuestra vida falsa que necesitan ser derrumbados antes que se vayan los demonios. Por seguro debe haber arrepentimiento y perdón. El arrepentimiento puede tomar la forma de "no quiero hacer esto, no se como llegué aquí, pero quiero que se vaya y renuncio". El arrepentimiento también puede ser como el del endemoniado de los Gaderenos quien se rindió ante los pies de Jesús para adorarle. El arrepentimiento puede ser el decirle a Jesús: "Perdona mi enojo y amargura, perdóname por cometer pecado sexual (una puerta enorme), Señor, perdóname por querer lastimarme a mí mismo, renuncio a estos pensamientos y actividades, Señor, perdóname por pensar que el poder oculto es bueno, perdóname por abrir la puerta a espíritus inmundos por medio de drogas, pornografía. Perdóname por haber cometido un aborto." ¿Se pueden ir los demonios sin arrepentimiento explícito? Si, en presencia del Espíritu Santo y en una dirección metódica. Recomiendo el arrepentimiento y perdón como parte del proceso.

Por cierto, los efectos secundarios del aborto son profundos. Las personas que están envueltas en esto se dan cuenta que muchas cosas son "abortadas" en sus vidas y emociones. Sin olvidar la culpa, vergüenza y tristeza profunda. Sugiero que las personas que se han hecho un aborto puedan perdonar y arrepentirse como sea aplicable. Se deben echar fuera los espíritus de muerte, rechazo luto, depresión, opresión y romper todo pacto con la muerte.

El perdón puede ser el decir: "Perdono a la persona que me hizo daño, perdono a la persona que abusó de mí cuando era niño/a, todo esto lo debo hacer en el nombre de Jesús, entonces me arrepiento de los pecados de las generaciones antes de mí en el área que sea, renuncio al pecado y rompo maldiciones generacionales en ambos lados de mi familia y juicios que hayan sido hechos contra mí. Estudia los patrones generacionales para ver si necesitas arrepentirte o renunciar. Es posible que el Espíritu Santo te recuerde de alguna posible violación en tu familia o algunas ataduras. Debes romper toda atadura, todo el poder de maldad, posesión y control entre tú y la persona cualquiera sea su nombre en el nombre de Jesús y toda huella y parte de su alma para que se aleje de ti. Esto es maravilloso, Dios está rompiendo cadenas. En esta forma, cualquier trato legal para que los demonios opriman es removido. Así es como se le pone un alto al diablo para que deje de acusar y para que se vaya de los pasillos de tu alma. Cuando todas las recámaras de la casa le pertenecen a Jesús, entonces habrá paz. Cuando el demonio se va, la persona puede responder a Dios fácilmente. La sangre prevalece, el diablo es condenado y nosotros somos declarados inocentes. Romanos 8:1-2 dice: "Ahora, pues, ninguna condenación hay para los que están en Cristo Jesús, los que no andan conforme a la carne, sino conforme al Espíritu Porque la ley del Espíritu de vida en Cristo Jesús me ha librado de la ley del pecado y de la muerte." De esto se trata amigos, libertad de la ley del pecado y de la muerte y las consecuencias en cada nivel.

No intento echar fuera los espíritus de quienes no son creyentes (lo opuesto a atarlos si es necesario) por motivos que pueden coincidir. 1. No estás en posición de pelear. 2. La persona que no es creyente no sabe lo que es el pecado. 3. No hay nada que llene el vacío si el espíritu se va. 4. La persona que no es creyente no está al tanto del problema demoniaco y probablemente lo considere parte de su personalidad e incluso le da la bienvenida. Tampoco intento echar fuera los espíritus cuando los creyentes no miran que tienen un problema y no cooperan para ser libres. Para mí, en la mayoría de liberaciones es importante tener el permiso del creyente, su cooperación y entendimiento para ser libres. Esto no siempre puede ser el caso ya que no podemos limitar a Dios. Estoy escribiendo el libro basado en alcanzar a creyentes en Jesucristo bajo el Nuevo Pacto que desean ser libres. Proverbios 4:5 dice que adquiramos sabiduría, que adquiramos entendimiento. Pablo echó fuera al un espíritu de adivinación de una joven que estaba ganando dinero para sus maestros operando por medio de ese espíritu. Incluso el espíritu operando por medio de ella, Hechos 16:17 dice: "Esta, siguiendo a Pablo y a nosotros, daba voces, diciendo: Estos hombres son siervos del Dios Altísimo, quienes nos anuncian el camino de la salvación.", Pablo discernió que ella no hablaba con el Espíritu de Dios. Esto nos muestra que las personas pueden decir cosas que técnicamente son verdad, pero dichas en el espíritu incorrecto y no están promoviendo el Reino de Salvación y Verdad. Las personas pueden operar en la carne (sus deseos mentales, emocionales y físicos), la gente puede operar por medio de espíritus inmundos o pueden operar por medio del Espíritu Santo. Aquí es donde entra el discernimiento de espíritu. El espíritu de Pablo estaba entristecido, él pudo echar fuera al demonio. No sé si la niña fue salva después, aunque hubo un terremoto en el espíritu y en lo natural.

El Espíritu Santo puede hacer cualquier cosa que nos puede guiar a ministrar en situaciones que no tienen un paradigma en particular. Por lo tanto, para mí, es importante que los creyentes quieran ser libres y estén abiertos al proceso de limpieza y liberación. Una mujer llegó a nuestra iglesia hace tiempo e inmediatamente notamos que había un problema. Cuando la interrogué dijo que tenía una adicción, había perdido la custodia de sus hijos a causa de eso. Le pregunté si quería ser libre. De repente algo comenzó a operar en ella, estaba algo agresiva y amenazadora. Esta "persona" era diferente a la persona que estaba llorando, presentado su problema un poco antes. Me dijo que no. No estaba lista y se fue abruptamente.

Quizás digas que hay enfermedades físicas y mentales también. Eso es cierto, recuerda que Jesús es el sanador y libertador, todo esto trabaja en conjunto. Muchas enfermedades físicas y mentales pueden ser aliviadas, en mi punto de vista, el "desempaque" descrito en el libro en general. El doctor en lo natural tiene medicina y remedios. El Doctor espiritual tiene medicina y remedios sobrenaturales.

Son dos tipos de computadoras con dos sistemas operativos distintos. Jesús tiene Su sabiduría y poder del Padre y el del Espíritu Santo. No es sabiduría ni poder terrenal. A menudo oramos por las personas, no es solamente natural echar fuera un espíritu. Jesús nos enseñó que un demonio puede irse de la "casa" y si no hay nada para llenar esa "casa", el demonio traerá a siete más, de nuevo, la liberación será mucho más difícil después. No hay neutralidad espiritual. Para llenar la "casa" necesitamos la palabra de Dios, la presencia del Espíritu Santo y la limpieza con la sangre de Jesús y posiblemente entendimiento de cómo el demonio llegó. "Casa abierta" es donde hay arrepentimiento, renunciamiento, perdón, rompimiento de cadenas, rompimiento de ataduras generacionales y hechizos. Ya no hay albergue, los invasores son expulsados y no tienen cabida para regresar. Los invasores regresarán a menos que cierres las puertas, resistas el comportamiento, actitudes y pecados que invitaron a ese demonio en primer lugar. La casa está ocupada por el Espíritu Santo y la verdad de Dios, si utilizas tus armas activamente, tales como la palabra de Dios. Santiago 4:7 dice: "Someteos pues a Dios, resistid al diablo y huirá de vosotros." Clama la sangre de Jesús sobre todo lo que te preocupe. Si una casa está vacía y sin protección, los demonios sabrán cómo entrar.

Una pareja de mi iglesia tuvo un intruso en su casa. Le rentaban a una familia y querían ocupar su casa de nuevo. Ellos tenían derecho a la propiedad y aun así les tomó tiempo y una batalla legal para sacar al intruso. Cuando el intruso se estaba yendo, estaba ajustando las ventanas de la casa para que otro intruso pudiera entrar. Amigos, pongan la sangre de Jesús en las puertas de su corazón. No le den cabida a ningún demonio. Tomen autoridad sobre los demonios en el nombre de Jesús. No esperen que el pastor lo haga por ustedes, ustedes tienen autoridad. Los pastores solo los ven poco tiempo durante la semana y están felices de poder orar por ustedes, pero no están disponibles las 24 horas del día. Pero Dios si lo está.

Los demonios también pueden entrar y oprimir a una persona por medio de maldiciones generacionales, maldiciones de otros como la brujería, adicción, dolor, trauma, prácticas ocultas, salirse del cuerpo, ser parte de espiritismo, etc. Decisiones como esta pueden abrir la puerta. La persona tiene que abrir una puerta de temor para tener un espíritu de temor. La persona tiene que abrir una puerta de incredulidad para tener un espíritu de incredulidad. Una persona tiene que abrir una puerta de ira para tener un espíritu de ira. Una persona tiene que abrir la puerta al espíritu de lujuria para que entre ese espíritu. Cuando me refiero a abrir una puerta no es siempre algo que la persona hace conscientemente. Muchas veces lo hacen sin saber, no es que las personas dicen "¡Hey! Ven por mí" quizás uno abre la puerta por medio de decisiones tomadas por ignorancia o por impulso por medio de drogas, lo oculto, esos son caminos enormes, videos musicales de música que no es de Dios, acto sexual, pornografía, actitud en contra de Dios sin dares cuenta, traumas, enojo o abuso. Por favor note, hay gente que deliberadamente opera en lo oculto y literalmente les dice a los demonios que entren a darles sabiduría y poder. Mientras entramos más profundo a las aguas del Jordán, lo malo comenzará a salir una y otra vez y hay niveles en los que los demonios saldrán. Piensa en un accidente o una violación que causa un trauma. Los espíritus de temor pueden entrar en una persona traumada. Los espíritus se pueden traspasar generacionalmente. Espíritus familiares, perversión, depresión, suicidio, espíritus relacionados con lo oculto, enfermedades y otros. Algunos ministros han tenido que lidiar con espíritus traspasados por medio transfusiones de sangre, traumas, miedos o enojo pasado por medio de la sangre del donante. Tienes que decirles a los espíritus que se vayan. Respecto a los espíritus familiares, los creyentes deben estar dispuestos a soltar a esos espíritus y permitir que su identidad en Cristo crezca. Los espíritus familiares no solo saben cosas acerca de nosotros, sino que transmiten información acerca de nosotros a otros demonios receptivos, pero pasan disposiciones generacionales, pensamientos o sentimientos. Se piensa que los espíritus familiares pueden ser usados por médiums para contactar a los muertos mas no existe tal cosa, los espíritus solo contactan a demonios que saben imitar a la persona y trasmitir información. Los espíritus familiares se usan en adivinación, decir el futuro por medio de sabiduría escondida.

Los pecados que hablan acerca de lo oculto y experiencias donde alguien se sale del cuerpo, meditación, brujería, leer la mano, astrología, magia, ir a un síquico o un médium, sistemas para controlar la mente, santería, vudú o cualquier práctica de lo oculto para mencionar algunos abren la puerta a opresión demoniaca para el participante y generaciones venideras. Agrégale a eso pornografía, mensajes musicales que no son de Dios, traumas físicos y emocionales y abuso mental. El uso de drogas y alcohol, relaciones sexuales que transmiten espíritus y otras entradas. El enemigo puede abrir la puerta con cualquier cosa. Vivimos en un universo espiritual nos guste o no. Lo entendamos o no. Aunque usted no lo crea, somos seres espirituales y somos muy vulnerables a la influencia espiritual al menos que tengamos discernimiento y entendimiento de la Guerra espiritual. Una vez más, tome en cuenta estos versículos de Efesios 2:1 que dice, "Y él os dio vida a vosotros, cuando estabais muertos en vuestros delitos y pecados." Comenzamos estando muertos espiritualmente y Dios nos dio vida. El verso 2 dice, "En los cuales anduvisteis en otro tiempo, siguiendo la corriente de este mundo, conforme al príncipe de la potestad del aire, el espíritu que ahora opera en los hijos de desobediencia, entre los cuales también todos nosotros vivimos en otro tiempo en los deseos de nuestra carne, haciendo la voluntad de la carne y de los pensamientos, y éramos por naturaleza hijos de ira, lo mismo que los demás." Esto es lo que sucede cuando estamos bajo la influencia de espíritus malignos.

El príncipe de los poderes de los aires, satanás mismo, quien está distorsionando y suprimiendo toda la realidad y verdad de Dios y trabajando en los hijos de la desobediencia quienes están caminando y trabajando en los hijos de la desobediencia quienes están caminando en este mundo, lo que sea que esté sucediendo en ese momento en particular. Muchas personas son ignorantes en cómo trabaja el reino de Dios y el reino de satanás y es por eso que son un blanco para el enemigo. El enemigo muestra su deslumbrante caos frente a los ojos de las personas y ellos son atraídos hacia ello, pero al final hay destrucción. Además, el príncipe de poder de los aires trabaja en los hijos de la desobediencia para manifestar sus planes en la tierra y trabajar personalmente en sus vidas. Hay un cordón de tres dobleces, el príncipe del poder aire, el camino de este mundo y la carne. La jerarquía de satanás tiene influencia sobre la vida de las personas, hogares, vecindarios, ciudades, territorios y naciones en todo tipo de mundos de influencia en el mundo tales como la política, religión, finanzas, educación y entretenimiento. Entidades demoniacas pueden entrar al mundo físico y del alma para oprimir el alma de una persona (mente, emociones y voluntad) y cuerpo. Personas que no son salvas, están muertas espiritualmente y son vulnerables. Yo creo que nuestros espíritus cobran vida y le pertenecen porque ahora se pueden conectar con el Padre por medio de la sangre de Jesús y pueden nacer de Nuevo en el Espíritu. Lo que sigue es un juego que no ha sido liberado, santificado y puesto bajo control por medio del Espíritu de Dios. El príncipe de poder del aire está constantemente llenando el aire con ondas llenas de basura, mentiras, blasfemias y distorsiones. El control de naciones, ciudades, locales, familias, instituciones y a veces iglesias. Las primeras palabras que el diablo dijo en la tierra eran mentiras y no han cambiado desde entonces. Prueba los espíritus, escribe Juan, no todo espíritu es de Dios. 1ª Juan 4:1-2, cuando tomamos dominio sobre nuestras vidas nuestras vidas cambian por medio de Jesucristo, entonces pueden cambiar los hogares, territorios y naciones.

A menudo los creyentes comienzan su caminar con el Señor para ser libres de cierto espíritu de adicción o lujuria, pero mientras comienzan a caminar más lejos, hay espíritus de luto, temor o espíritus familiares. A veces hay espíritus de enfermedad. En cada nivel de limpieza hay espíritus que deben irse. Hay habitaciones de estos demonios en nuestras almas basadas en actitudes, trauma, rechazo, adaptaciones falsas y cosas similares que deben colapsar. Además, cada creyente debe lidiar con emociones que separan al individuo de Dios, de otros y de ellos mismos. La casa de control demoniaca debe colapsar, Jesús dijo en Mateo 21:13: "Y les dijo: Escrito está: Mi casa, casa de oración será llamada; mas vosotros la habéis hecho cueva de ladrones." ¿Acaso no somos tempo del Espíritu Santo y responsables de sacar a los demonios? Demonios, (un tipo de ladrones porque devoran nuestras vidas verdaderas) solo se van cuando les decimos que se vayan en el nombre de Jesús. No puedes hacer que un demonio se muera de hambre, no puedes darle consejo a un demonio, no le puedes decir que se vaya siendo amable, no lo puedes comprar, te engañará, te morderá y se quedará ahí, ¡CONTIGO! Debe ser echado fuera. Yo creo que primero hay que lidiar con los pecados, patrones generacionales y luego las maldiciones. Los elementos emocionales deben ser expulsados para experimentar otra medida de sanidad, entonces los demonios deben ser expulsados. Es más fácil que se vayan con arrepentimiento, perdón, rompimiento de maldiciones generaciones y más. Después de esto, se debe ministrar sanidad. Esto reduce la flama del pecado. La decisión se libera cuando las mentiras son reemplazadas con la verdad, comienza la sanidad y los demonios deben irse.

Jesús habló acerca del hombre fuerte quien era el controlador de la casa. Mateo 12:28 dice: "Pero si yo por el Espíritu de Dios echo fuera los demonios, ciertamente ha llegado a vosotros el reino de Dios. Porque ¿cómo puede alguno entrar en la casa del hombre fuerte, y saquear sus bienes, si primero no le ata? Y entonces podrá saquear su casa." Conocemos la historia del hombre fuerte, ¿Cómo entra el hombre fuerte? Una persona invita al hombre fuerte a su casa quizás para que los proteja, el hombre fuerte te engaña para poder entrar y ahora el hombre fuerte controla tu casa (A TI) y ahora sirves al hombre fuerte y está controlándote y corriendo en tu casa sin saber que hacer. La persona verdadera se esconde, el hombre fuerte también puede ser una persona falsa o una personalidad alterna que ha venido por medio de una adaptación de influencias externas o traumas. Por ejemplo, ¿Cuándo es la verdadera persona? Tu enemigo es el hombre fuerte que puede ser un demonio o una parte falsa del ser que abrazaste para protegerte y defenderte lo que te enseñó que era inteligente al principio, pero después olvidaste donde estabas o el verdadero tú nunca maduró. Puede ser un espíritu familiar que se encarga de la casa. Quizás el hombre fuerte es algún espíritu que ha tomado lugar por medio de las prácticas de lo oculto para protección, sabiduría o poder. ¿Quién es el que manda en tu hogar? El morador (la verdadera persona en la imagen de Dios) es como una persona pequeña debajo de la cama o quizás una sombra enjaulada. Necesitamos arrepentirnos de todos los compromisos.

Quizás el hombre fuerte es un espíritu pasado de generación a otras. Puede ser el dios que controla todos los espíritus inmundos. Otro punto de vista, quizás tú seas el hombre fuerte, el controlador, quizás tengas una falsa identidad o una identidad que hiciste desde niño para protegerte, alguien fuerte, manipulador, persona seria, alguien del sexo opuesto o tomando una identidad que controle tu casa. Después llega alguien más fuerte a quien le podemos dar control, a quien es más fuerte, hermoso, amoroso, Cristo Jesús el Señor. Eso requiere que confiemos en Dios en vez de confiar en nosotros mismos y la confianza solo puede ser restablecida capa por capa al sanar nuestros corazones y capa por capa en el fundamento de verdad y santidad de la Palabra de Dios. Nuestras vidas siempre serán controladas por algo o alguien al menos que confiemos en Dios. Se necesita establecer confianza en nuestros corazones quebrantados para temer su Nombre y alabar su Nombre. Salmo 86:11-12 dice: "Enséñame, oh Jehová, tu camino; caminaré yo en tu verdad; Afirma mi corazón para que tema tu nombre. Te alabaré, oh Jehová Dios mío, con todo mi corazón, Y glorificaré tu nombre para siempre." Mientras reparamos las infracciones, los invasores demoniacos deben irse.

Una nota que les voy a dejar es: los objetos malditos pueden traer maldición y demonios a tu casa. Cosas como libros ocultos, libros que no son de Dios, música, ídolos, arte de otras religiones, horóscopos, cartas del tarot, Tablero del Ouija, joyas y ropa que trate acerca de lo oculto, quizás alguna baratija o mascara que compraste en algún viaje, drogas y objetos que hablen acerca del pecado. Deuteronomio 7:25-26 dice: "Las esculturas de sus dioses quemarás en el fuego; no codiciarás plata ni oro de ellas para tomarlo para ti, para que no tropieces en ello, pues es abominación a Jehová tu Dios; y no traerás cosa abominable a tu casa, para que no seas anatema; del todo la aborrecerás y la abominarás, porque es anatema." Destruye lo que no es de Dios, deshazte de lo que es detestable y santifica los artículos que son neutrales espiritualmente para el uso ordinario al menos que Dios te diga que te deshagas de esos objetos. Te lo prometo, al deshacerte de las cosas que son de Dios fuera de tu casa, una nueva paz que llegará. Es un punto importante que todo lo que tenemos, debemos ser capaces de ser parte del Reino de Dios y un plan para nuestras vidas.

La mayoría de nosotros sabemos que las personas usando el poder oculto buscan un objeto, foto, un pedazo de cabello, joya o ropa de una persona para ser maldecida y controlada. Esto permite la transferencia de espíritus por medio de maldiciones. No es exactamente de ataduras que no son de Dios pero estos pueden ser puntos de contacto para transferencia de espíritus, ¿qué tal los tatuajes, pentagramas, calaveras, identificación de pandillas? ¿estás atrayendo en el mundo espiritual? Una vez vi a una mujer usando una cruz egipcia, pentagrama y símbolo de paz (cruz invertida) alrededor de su cuello. Su cara parecía una mascara, ni siquiera se podía discernir a la persona real.

El apéndice B tiene una descripción de espíritus descritos en la Biblia y mandatos simples para echarlos fuera. Su tiempo ha llegado al fin. Recuerda cómo los demonios clamaron cuando estaban siendo expulsados. Mateo 8:29 dice: "Y clamaron diciendo: ¿Qué tienes con nosotros, Jesús, Hijo de Dios? ¿Has venido acá para atormentarnos antes de tiempo?" No, el tiempo de tormento no ha llegado aún pero el tiempo de dejar al creyente quien se ha sometido a Cristo Jesús ha llegado. Tú como creyente tienes autoridad sobre los demonios y eres animado a actuar con autoridad y no ser ignorante y te sentirás mejor. La lista en el apéndice B no es todo incluido. Algunas personas en el ministerio de liberación hablan acerca de nombres específicos de demonios y principados. Eso está bien si ese método es revelado para ti pero yo se que podemos hablarle a los demonios conforme a su función. Espíritu de adicción, tristeza, control, por ejemplo. Si vemos el ejemplo del endemoniado de los Gaderenos en Marcos 5 te darás cuenta que había muchos espíritus operando en él antes que Jesús lo hiciera libre. Tristeza, auto destrucción, lascivia, separación, rebelión, fuerza sobrenatural y más. Todo eso estaba bajo el hombre fuerte, legión. Legión representa alrededor de seis mil espíritus. Jesús dijo Legión en Marcos 5:9-13 dicen lo siguiente: "Y le preguntó: ¿Cómo te llamas? Y respondió diciendo: Legión me llamo; porque somos muchos. Y le rogaba mucho que no le enviase fuera de aquella provincia. Y estaba allí cerca del monte una grande manada de puercos paciendo. Y le rogaron todos los demonios, diciendo: Envíanos a los puercos para que entremos en ellos. Y luego Jesús se lo permitió. Y saliendo aquellos espíritus inmundos, entraron en los puercos, y la manada cayó por un despeñadero en la mar; los cuales eran como dos mil; y en la mar se ahogaron." Recuerda que no todos tenían la misma función y que Él no los llamó por nombre individualmente, pero todos se fueron. También querían habitar en algún lado y los puercos estaban disponibles. Los demonios desean habitar en la gente, animales, lugares y objetos probablemente en ese orden.

Cuando estés ministrando liberación, siempre sigue el camino de cómo y cuándo entró el espíritu. Arrepiéntete, renuncia, rompe cadenas si es necesario, maldiciones generaciones, permite que el Señor llegue a esos traumas para sanidad. Permite que el Espíritu Santo sea tu guía. Recuerda el plan de Dios. El Salmo 23:3 dice: "Confortará mi alma, me guiará por sendas de justicia, por amor de su nombre" y nos da el poder para que su plan sea hecho en nuestras vidas. Lucas 10:19 dice: "He aquí os doy potestad de hollar sobre las serpientes y sobre los escorpiones, y sobre toda fuerza del enemigo, y nada os dañará."

Jesús dijo que el Espíritu Santo es como un viento, sopla donde quiere y puedes escuchar su sonido, pero si no, puedes identificar de donde viene o a donde va como lo dice en Juan 3:8. De tal manera, los principados, potestades y demonios que se apoderan de una nación o demonios encargados de una persona o un hogar pueden traer destrucción. Huracanes y tornados traen un camino de muerte, muchos de estos huracanes y tornados en nuestra sociedad han sido las mentiras que el enemigo ha dicho acerca de la libertad sexual, algunas mentiras de quienes somos y la identidad, algunas mentiras acerca del dinero y el amor. Ahora tenemos casi 3000 abortos al día en los Estados Unidos. Algunos de estos huracanes han destruido a la familia, se han burlado y han marginalizado las cosas de Dios. Los huracanes afectan una familia cuando un miembro se en mete en problemas de drogas y actividades criminales. Hay tornados de enfermedad y perdida financiera. Por eso prefiero el viento del

Espíritu Santo que desata la vida en Dios a los tornados, huracanes y mentiras del diablo. Jesús es el Camino, la Verdad y la Vida y el Señor le dijo a su pueblo que escoja la vida.

TERCER NIVEL: MALDICIONES

El siguiente nivel de sanidad es el de maldiciones y esto echará fuera muchos tipos de maldiciones.

1. Maldiciones generacionales y patrones de pecados.

Éxodo 20:5-6 dice: "No te inclinarás a ellas, ni las honrarás; porque yo soy Jehová tu Dios, fuerte, celoso, que visito la maldad de los padres sobre los hijos hasta la tercera y cuarta generación de los que me aborrecen, y hago misericordia a millares, a los que me aman y guardan mis mandamientos." (La segunda parte es la parte buena.)

Mientras el nuevo nacimiento nos da un nuevo comienzo. Recuerda que la infancia es un "comienzo" que nos lleva al poder de la cruz para que los creyentes puedan ser 1. Sanados y liberados. 2. Reducir el combustible del pecado. 3. Liberar el poder para escoger otra vez. 4. Convertirnos en lo que Dios quiere que seamos y lo que hagamos en este mundo. 5. Soltar nuestra herencia y destino para lo que Dios tiene para nosotros. Si deseamos el nivel más alto debemos permitir que Dios trate con nosotros en el nivel generacional tanto como los otros niveles para sanidad y liberación. La resurrección nos da autoridad y establece nuestra nueva naturaleza en una nueva vida y destino. Eso es parte de la mejora.

En conclusión, es mucho más fácil seguir a Jesús cuando una persona no tiene dolor emocional. Isaías 53:4 dice: "Él llevó nuestras enfermedades y dolencias. Lucas 4:18 dice: "Él vino a sanar a los quebrantados de corazón". Juan 8:32 dice: "Cuando no vivimos mentiras la verdad nos hace libres." El vivir bajo maldiciones generacionales y juicios, hablaremos de eso después (Éxodo 20:5; Gálatas 3:13). Así que si estamos siendo oprimidos por demonios (Lucas 4:18). Repito, la liberación y sanidad interior deben reducir el combustible del pecado para poder vivir la vida como Dios desea y bajo su bendición (Debemos estar de acuerdo con la palabra de Dios). La liberación también abre la puerta para llenarnos a una capacidad máxima para vivir la vida al máximo. Es cierto que todos tenemos problemas que nosotros mismos hemos causado, incluso en muchas de estas cosas se adueñan de nosotros por medio de maldiciones generacionales. Llevamos tanto de lo que ha sucedido antes de nosotros nos demos cuenta o no. Tanto ha sido puesto en moción espiritualmente incluso antes que naciéramos. Dios quiere que crezcamos, seamos bendecidos, fructíferos, que pasemos tiempo con Él, que ayudemos a otros, que podamos expandir el gozo y tocar al mundo. Sinceramente, no quiero vivir con los problemas de las generaciones anteriores. Ya sufrieron lo suficiente, en Hebreos 12:1 el Señor nos dice que pongamos nuestras cargas en Él. ¿No hay nada que nos retrase más que los pecados de generaciones anteriores y nuestras familias? Esta es una forma de dejarlos ir.

¿Qué es una maldición generacional y que es una bendición generacional? Ciertamente tiene que ver con faltas y bendiciones, pecados y vidas rectas. Una maldición generacional se convierte en el vehículo para quebrantarnos. Mark Virkler, en su libro "Oraciones que Sanan el Corazón" habla acerca de la "energía del pecado" y el pecado que habita en nosotros. Es algo que le da combustible al desastre de nuestras vidas. El apóstol Pablo escribe "Porque lo que no quiero hacer eso hago" en Romanos 7:17. En mi libro "Restauración Ahora" enfatizo los efectos de la maldición generacional. Una maldición generacional en un área que lleva a la predisposición y vulnerabilidad para repetir un comportamiento o patrón, sentimiento o forma de pensar, o algún tipo de pérdida o fracaso de la generación anterior.

Respecto al pecado, la elección es una opción libre en la que solo se ofrece una opción en el sentido que nuestros corazones son dirigidos fácilmente en esta dirección. La maldición es el medio espiritual donde las personas se comportan mal como resultado del dolor y deseo de algún pecado en particular porque alguien de la generación anterior abrió una puerta espiritual. También hay patrones de enfermedad y tipos de destrucción tales como muerte prematura o fracasos en la educación y en los negocios que son generacionales, no hiciste nada, pero las generaciones anteriores han fallado en cierta área o han tenido pérdidas. Por otro lado, también existen bendiciones generacionales, disposiciones generacionales para ser exitoso en ciertas áreas, ya sea respecto al llamado, habilidad, acceso fácil a un destino divino.

Adicionalmente, puede haber influencias demoniacas que refuerzan esto. Una maldición generacional de pecado que puede ser utilizada como blanco en ciertas áreas mientras otra persona puede estar completamente libre. Para que pueda haber una predisposición (un deseo automático) para un tipo de pecado por causa de las maldiciones generacionales. Éxodo 20:5 dice: "No te inclinarás a ellas, ni las honrarás; porque yo soy Jehová tu Dios, fuerte, celoso, que visito la maldad de los padres sobre los hijos hasta la tercera y cuarta generación de los que me aborrecen."

Nuestra solución: Gálatas 3:13-14: "[13] Cristo nos rescató de la maldición de la ley al hacerse maldición por nosotros, pues está escrito: «Maldito todo el que es colgado de un madero». [14] Así sucedió, para que, por medio de Cristo Jesús, la bendición prometida a Abraham llegara a las naciones, y para que por la fe recibiéramos el Espíritu según la promesa." Cristo rompió toda maldición la cruz. Él la llevó, Él lo hizo para que las bendiciones de Abraham pudieran llegar a nosotros para que pudiéramos recibir la promesa del Espíritu por medio de la fe.

Mucha gente piensa que no debemos hacer nada respecto a las maldiciones generacionales porque Jesús se convirtió en maldición para salvarnos. Por lo tanto, no tenemos que hacernos cargo de ello, solo sentarnos y relajarnos. Jesús también se convirtió en pecado por nosotros y aun así debemos arrepentirnos. Jesús llevó nuestras enfermedades y dolores y también equipó al cuerpo de Cristo con fe y los dones del Espíritu Santo para orar por sanidad. Jesús nos dio vida eterna, pero debemos anhelarla y pedirla. Jesús lo pagó todo y debemos "apropiarnos" de todo eso que Él hizo en la cruz. De tal manera, el Espíritu Santo nos muestra los patrones de maldiciones generacionales y otro tipo de maldiciones.

El Señor dice que en el principio de los Diez Mandamientos que el pecado puede ser traspasado de generación a generación. Por lo tanto, las bendiciones pueden ser traspasadas también. ¿Cuáles son algunos ejemplos de pecados y patrones de comportamiento pasados de generación a generación que son comunes? Aquí hay una lista corta: Alcoholismo y otras adicciones, abuso, pecado sexual (esto es cualquier expresión sexual que vaya en contra de la definición Bíblica del matrimonio), control, espíritus de religiosidad, orgullo, poder y actividad de lo oculto, amargura, temor, rompimiento de familia, suicidio, pobreza y violencia. Nos guste o no, el pecado abre la puerta a otras generaciones para que puedan ser dañados con lo mismo. Es la ley de la semilla. Puede haber demonios que pasan de generación a generación. Recuerda que somos seres espirituales y sujetos a fuerzas espirituales. Por ejemplo, puede haber maldiciones generacionales de pobreza, no solo falta de dinero sino la falta de habilidad para ver hacia adelante por cualquier motivo. Quizás sea por ignorancia de la palabra de Dios o la falta de fe en el Señor que quizás llegó por medio del quebrantamiento en cierta área la cual crea una actitud de falta de esperanza. Dios no hace acepción de personas, Él nos ayudará a seguir adelante sin importar dónde comenzamos. Quizás hubo generaciones que ganaron dinero de forma ilegal o que no diezmaban, quizás no ayudaban a los pobres, robaban a la gente o cometieron actos criminales. Quizás no pensaban en la importancia de la educación o una carrera vocacional. Puede que haya comportamiento abusivo y desobediencia que limita a la gente para que no logren alcanzar su máximo potencial y crecimiento. Limitaciones debido al ambiente o familia, discriminación generacional. Volvamos a donde estábamos. El Señor quiere que sepamos que podemos vencer la pobreza, el predicó el evangelio a los pobres, pero los pobres tienen que recibirlo porque Dios quiere desatar las bendiciones de Abraham a sus hijos. La habilidad de tener fe en un área se apaga por causa de las maldiciones generacionales. La buena noticia es que hay una sanidad. No olvides que Jesús salió de una tumba.

Como escribí anteriormente, hay bendiciones y hay maldiciones que pasan por generaciones. Permíteme decirte que hay poder en la sangre, la "sangre" hablando en un sentido general del ADN. Sangre que es traspasada por medio de nuestros padres y antepasados. Estoy usando un atajo para el termino "sangre" porque incluye quiénes somos, cómos nos vemos, llamados y bendiciones, demonios y maldiciones, dones, habilidades, fracasos, control, dependencia, libertad, enfermedades físicas o mentales y salud. Es posible que muchas puertas se hayan abierto para ti y hayas recibido gracia como "pago" por la obediencia y justicia de las generaciones anteriores o quizás experimentaste una pérdida por causa de la desobediencia. Sólo la sangre de Cristo Jesús interrumpe el poder de la sangre familiar y la santifica con lo que es bueno lo cual es otro punto importante pero no necesariamente el enfoque de este libro. A todos se nos han dado bendiciones generacionales y dones, pero ¿serán estos santificados y puestos bajo la dirección del Espíritu Santo y los propósitos de Dios, o utilizados para servir a nuestros propios dioses pequeños?

Yo creo que una persona comienza a reducir el combustible para el pecado y combustible para el fracaso y destinos limitados quebrando maldiciones generacionales y patrones del pecado. En un paquete complete significa derribar al hombre fuerte, arrepentirse, quebrar patrones y maldiciones generacionales, sanidad de dolores y traumas. Yo creo que el dolor y trauma generacional es traspasado también. Llevamos los dolores de las generaciones anteriores. Prosigamos, el Apóstol Robert Henderson ha descrito en sus libros "Atrios del Cielo" los cuales recomiendo para romper los juicios que han sido hechos en contra de nosotros por estos pecados personales y generacionales para que nuestros destinos, bendiciones, sanidades, respuestas y oraciones puedan ser desatados. ¿Qué nos está deteniendo? Podemos ir a los atrios y suplicar para que la sangre de Jesús sea derramada de los juicios y penalidades contra nuestro propio pecado o nuestras líneas familiares si lo hacemos con arrepentimiento.

Tu linaje físico y espiritual afecta no solo el cómo te miras. Quizás eres bueno en la música o matemáticas o quizás cargues ciertas enfermedades, también los patrones de comportamiento y nuestro propio propósito en la vida. La única sangre y linaje que es más fuerte que la nuestra es la sangre de Jesús que nos limpia. Necesitamos un nuevo nacimiento, un nuevo ADN espiritual para borrar e interrumpir la destrucción de muchas generaciones para que el fundamento de muchas generaciones pueda ser construido y reparado. Isaías 58:12. La sangre de Jesús tiene poder. Eso no significa que tendremos una transfusión repentina y tendremos un nuevo tipo de sangre, significa que la sangre de Jesús santifica nuestro "linaje" espiritual e interrumpe nuestro ADN (físico, moral, espiritual y emocional) consistente con la palabra y la voluntad de Dios y nos da poder sobre el poder del pecado y las obras del enemigo. Él interrumpe nuestros patrones de limitación y destrucción con Su sangre limpiadora y por ser adoptados en la familia de Dios, nueva descendencia. Tenemos un nuevo y mejor destino, una dimensión de Dios en nuestras vidas. Nos cambia de pecadores e hijos del diablo a santos e hijos de Dios.

Hay tres fases del avivamiento. Una trata con el pasado, otra con el presente y la otra con el futuro. El pasado es como el sermón de inauguración de Jesús. Lucas 4:18-19 dice: "El Espíritu del Señor está sobre mí, Por cuanto me ha ungido para dar buenas nuevas a los pobres; Me ha enviado a sanar a los quebrantados de corazón. A pregonar libertad a los cautivos y dar vista a los ciegos, a poner en libertad a los oprimidos y predicar el año agradable del Señor". Hay una razón para el significado del "año agradable del Señor" se escribe al final del verso. Nota la progresión. Cuando pasamos por fases de sanidad y liberación podemos estar firmes en la justicia y finalmente entrar a nuestro propósito y a una vida en obediencia, sometida y bendecida basada en lo que Dios ha hecho para nosotros y lo que ha ordenado para nosotros. En resumen, es el día del favor de Dios. Entramos a las bendiciones de conocerlo. Seguimos el patrón de la jornada que Dios tiene para nosotros y no el nuestro. Esto nos permite a entrar de lleno en el presente hacia la persona que Dios creó y poder llevar a cabo el futuro que Dios diseñó.

¿Donde está el fundamento? Está en la sangre. La sangre de Jesús nos limpia, nos restaura, reconstruye nuestra verdadera identidad y reemplaza nuestra humanidad fundada en el pecado (y el árbol de la ciencia del bien y el mal) que debe estar cimentado en el amor de Dios (por medio del árbol de la vida, la cruz). La cruz era lo que se necesitaba, no era un proceso fácil. Costó la muerte de el Hijo de Dios por medio del Verbo de Dios, el nombre de Jesús, la sangre de Jesús, el poder del Espíritu Santo, las predisposiciones y vulnerabilidades de nuestro propio linaje pueden ser cambiadas para habilitarnos a tomar nuevas decisiones divinas y caminar en una identidad y destino divino. Juan 1:12-13 dice: "Mas a todos los que lo recibieron, a quienes creen en su nombre, les dio potestad de ser hechos hijos de Dios. Estos no nacieron de sangre, ni por voluntad de carne, ni de voluntad de varón, sino de Dios."

Cuando Jesús vino a la tierra, Juan el bautista profetizó: Mateo 3:10: "Y ya también el hacha está puesta a la raíz de los árboles; por tanto, todo árbol que no da buen fruto es cortado y echado en el fuego." ¿A qué tipo de arboles se refería? Estaba hablando de arboles de injusticia, rebelión, incredulidad, idolatría, engaño, luto, enfermedades mentales, adicciones, dolor, amargura, pecado sexual, cosas ocultas y más cosas en nuestras vidas que hayan sido pasadas por medio del linaje familiar. Dios quiere nada menos que la vida y muerte, una transformación radical, destruir las raíces de los árboles plantados por el enemigo por medio de generaciones para después plantar arboles de justicia y la palabra de Dios. Nuestro patrón no es nada menos que la cruz y la resurrección, así que los viejos arboles de injusticia deben ser desarraigados y las nuevas semillas de Dios deben ser plantadas para que nosotros estemos cimentados en amor. PERMITE QUE ESAS SEMILLAS CREZCAN Y VERÁS EL BUEN FRUTO QUE DIOS PUEDE DAR.

Además, el crecimiento de los arboles va a depender si el terreno de nuestros corazones es receptivo. Cuando leas la parábola del sembrador y la semilla, lo más importante es la tierra, no la semilla, la semilla puede cambiar, pero la tierra determina el éxito de la semilla. Nuestras vidas no pueden dar fruto si la tierra es árida, tóxica, dura, llena de espinas. La gente puede recibir la misma semilla de la palabra pero el crecimiento de la semilla y si logra llevar a cabo su propósito depende de la tierra. Oseas 10:12 dice: "Sembrad para vosotros en justicia, segad para vosotros en misericordia; haced para vosotros barbecho; porque es tiempo de buscar a Jehovás, hasta que venga y os enseñe justicia." El suelo duro de nuestros corazones debe ser suavizado con la lluvia del Espíritu Santo, arrepentimiento, experiencias íntimas con Dios, su amor, el rechazo de la mentalidad contra la voluntad de Dios, sanidad del quebrantamiento y otras experiencias con el Señor. La dureza de corazón puede ser también algo generacional.

Aquí hay algunos versículos que hablan acerca de los pecados y maldiciones generacionales por si acaso no me creen:

En Éxodo 20:5 podemos ver que los pecados e iniquidades de los padres son vistos en los hijos hasta la tercera y cuarta generación. Éxodo 34:6-7: "Y pasando Jehová por delante de él, proclamó: ¡Jehová! ¡Jehová! fuerte, misericordioso y piadoso; tardo para la ira, y grande en misericordia y verdad; que guarda misericordia a millares, que perdona la iniquidad, la rebelión y el pecado, y que de ningún modo tendrá por inocente al malvado; que visita la iniquidad de los padres sobre los hijos y sobre los hijos de los hijos, hasta la tercera y cuarta generación."

Números 14:18: "Jehová, tardo para la ira y grande en misericordia, que perdona la iniquidad y la rebelión, aunque de ningún modo tendrá por inocente al culpable; que visita la maldad de los padres sobre los hijos hasta los terceros y hasta los cuartos."

Levítico 26:39: "Y los que queden de vosotros decaerán en las tierras de vuestros enemigos por su iniquidad; y por la iniquidad de sus padres decaerán con ellos."

Jeremías 32:18: "Que haces misericordia a millares, y castigas la maldad de los padres en sus hijos después de ellos; Dios grande, poderoso, Jehová de los ejércitos es su nombre;"

Oseas 4:6: "Mi pueblo fue destruido, porque le faltó conocimiento. Por cuanto desechaste el conocimiento, yo te echaré del sacerdocio; y porque olvidaste la ley de tu Dios, también yo me olvidaré de tus hijos."

Nehemías 1:5-9: "Y dije: Te ruego, oh Jehová, Dios de los cielos, fuerte, grande y temible, que guarda el pacto y la misericordia a los que le aman y guardan sus mandamientos; esté ahora atento tu oído y abiertos tus ojos para oír la oración de tu siervo, que hago ahora delante de ti día y noche, por los hijos de Israel tus siervos; y confieso los pecados de los hijos de Israel que hemos cometido contra ti; sí, yo y la casa de mi padre hemos pecado. En extremo nos hemos corrompido contra ti, y no hemos guardado los mandamientos, estatutos y preceptos que diste a Moisés tu siervo. Acuérdate ahora de la palabra que diste a Moisés tu siervo, diciendo: Si vosotros pecareis, yo os dispersaré por los pueblos; pero si os volviereis a mí, y guardareis mis mandamientos, y los pusiereis por obra, aunque vuestra dispersión fuere hasta el extremo de los cielos, de allí os recogeré, y os traeré al lugar que escogí para hacer habitar allí mi nombre."

Daniel 9:5: "Hemos pecado, hemos cometido iniquidad, hemos hecho impíamente, y hemos sido rebeldes, y nos hemos apartado de tus mandamientos y de tus ordenanzas. No hemos obedecido a tus siervos los profetas, que en tu nombre hablaron a nuestros reyes, a nuestros príncipes, a nuestros padres y a todo el pueblo de la tierra."

Después en el versículo 16 del capítulo 9 Daniel ora "Oh Señor, conforme a todos tus actos de justicia, apártese ahora tu ira y tu furor de sobre tu ciudad Jerusalén, tu santo monte; porque a causa de nuestros pecados, y por la maldad de nuestros padres, Jerusalén y tu pueblo son el oprobio de todos en derredor nuestro." Si lees este capítulo te darás cuenta que Daniel confesó sus pecados, los pecados de sus padres y los pecados de la nación para levantar los juicios que estaban experimentando como pueblo. Las desolaciones no eran sorpresa. El pueblo de Dios bajo un pacto Mosaico quienes se les dijo precisamente lo que pasaría basado en la ley y declarado por los profetas (enviados por Dios en Su misericordia) si desobedecían al Señor, pero lo hicieron de todas formas. Daniel, de la misma forma apoyándose en el pacto de Dios y sus misericordias hizo suplicas para que fueran quitados los juicios. El se dio cuenta que había terminado el tiempo de la cautividad. Grandes fuerzas demoniacas estaban deteniendo la libertad de Judá de Babilonia, pero por medio de su arrepentimiento colectivo, generacional y personal, los términos legales de la oposición de Judá fueron derrotados. Es interesante que alguien tuvo que interceder para traer la promesa profética. Quizás se nos han prometido muchas cosas en la palabra de Dios incluso en profecía personal. Pero, hay ocasiones donde debemos arrepentirnos por nosotros mismos, por nuestros padres, por los patrones de iniquidad y las maldiciones para que sean quebradas y pídele a Dios que los juicios que han detenido el favor de Dios y nuestro destino. Dios desatará esto por medio de la sangre de Jesús que ha pagado estos juicios por complete.

Mateo 6:12 dice: "Y perdónanos nuestras deudas, como también nosotros perdonamos a nuestros deudores." Nota que hay un concepto de deuda colectiva porque los pecados y deudas se acumulan por generaciones.

La Biblia es claramente una historia familiar. Adán el primer hijo rebelde de Dios Padre tuvo un hijo rebelde. Dios pone nuestra rebelión y pecado ante nuestros ojos para mostrarnos una lección que cada semilla se reproduce de la forma que es. Si siembras semillas espirituales de muerte, las cegarás por generaciones. El pecado se puede disfrutar, viviendo bajo nuestras propias reglas y pensamientos puede alimentar nuestro cuerpo y alma, pero ¿te gustará lo suficiente cuando destruya la vida de tus hijos, cuando no tengas protección de Dios y sus bendiciones sean bloqueadas y cause miseria generacional? La vida y muerte espiritual son pasadas por medio del linaje. Dios, quien hizo este patrón familiar desde el principio, entendió que para que Adán pudiera regresar a su vida espiritual, el linaje debía ser trazado a un Adán nuevo (Jesús) donde el nuevo linaje espiritual podía ser establecido. Dios proveyó para la muerte del viejo Adán para llegar a un nuevo linaje en Jesús (el segundo Adán) pudiera ser establecido. Todo comienza y termina en la cruz.

El nuevo linaje debió ser iniciado por nuestro nuevo Padre, Dios, quien planta la semilla de la vida en nosotros por medio de nuestros corazones abiertos al recibir la Palabra (Jesús). La nueva semilla de la palabra es dada por medio del Espíritu Santo quien cuida la semilla, así como estuvo con María quien concibió al Mesías, por medio de la Raíz de Dios mismo. Esto es un contraste de la vieja semilla de nuestro viejo padre espiritual satanás quien planto mentira en nosotros para reproducir al dios falso de uno mismo que nos lleva a la muerte y replica su propia maldad depravada. Para nosotros los que creemos en Jesús, el resultado es que nosotros somos en El y El en nosotros. Somos un cuerpo en Cristo en la tierra y crecemos a la estatura de Cristo y nuestro destino es el cielo en vez del infierno.

¿Hay algún camino para un linaje bendecido? Claro. Dios nunca nos deja sin solución. Dios tenía una solución antes que hubiese un problema. Jesús es el Cordero Inmolado desde la Fundación del Mundo. La cruz de Jesucristo pone a muerte la naturaleza anterior y nos da una nueva naturaleza. Toma nuestra condenación y las maldiciones que habían sido en contra de nosotros desde Adán. Ahora, creo que cada familia tiene ciertas disposiciones, puertas abiertas, áreas de vulnerabilidad y vulnerabilidades lo cual es atractivo para mi, me hace caer, quizás pueda ser algo que no es interesante para ti. Una persona puede ser el blanco de cierta área y caen fácilmente y para otros tomaría esfuerzo cruzar esa barrera de pecado. Como lo dije anteriormente, hay personas que son atraídas a lo oculto. Yo nunca he tenido ese tipo de intereses, intenté meditar cuando estaba en la Universidad y duré veinte minutos. Salí con un hombre que le interesaba lo oculto, un hombre muy guapo, pero no me interesaba para nada. Por otra parte, alguien más hubiera estado muy atraída a él y hubieran estado muy interesados en hacer un encanto demoniaco dentro de un pentagrama.

Francamente, creo que el problema de patrones generacionales y maldiciones (con respeto a los pecados) se mueve en parte en este lado. Cuando experimentamos dolor emocional o daño, incluso el daño emocional debido a nuestro propio pecado, o pecan en contra de nosotros, o la misma oportunidad se presenta, la maldición generacional se predispone a un patrón de pecado en particular para llevarnos al quebrantamiento.

Todos recibimos cosas de nuestras familias: historias y carácter heredado, algunos Buenos, otros malos, otros generacionales, somos impresos en nuestras células. Por lo tanto, ser parte de actos y actitudes fuera de la voluntad de Dios requiere una decisión, no importa que tan predispuesto sea una persona. Así como un número de comportamientos, a pesar de la facilidad con la cual la persona caiga en pecado o patrón de vida (yo les llamo "decisiones" sin decisión) la predisposición aun refleja un corazón que Dios desea personar, sanar y restaurar. Una maldición generacional también puede ser un patrón de dolor, perdida, enfermedad o dolor en una familia. Por ejemplo, todos los hombres en una familia mueren jóvenes. La

Buena noticia es que podemos reconocer estos patrones y romperlos por medio del poder del Espíritu Santo.

Si es cierto que hacemos algo diferente podemos tener diferentes resultados pero es difícil hacer algo diferente sin ser alguien diferente.

¿Qué detona una maldición cuando lidiamos con actividades o mentalidades pecaminosas? Aquí hay otro punto de vista, necesidades en la juventud que nunca se arreglaron, tales como traumas, abusos, sentimientos de abandono, oportunidades, presión, perdida, rechazo, incompetencia y la lista sigue. La generación antes de ti no puede darte lo que no tienen. Estaban viviendo sus propios problemas, para poder resolver estas perdidas, alcanzamos nuestras propias soluciones y estas soluciones le ayudan a la siguiente generación. Alguien abrió la puerta.

Cuando venimos a Jesús. El nos muestra maneras para resolver nuestros vacíos, perdidas, necesidades relacionales en una manera de Dios, por el poder de la Palabra y el Espíritu Santo. Por medio del nuevo nacimiento por la sangre derramada por Jesús y el Espíritu Santo, nuestras decisiones pueden ser santificadas una vez más.

INIQUIDAD: En resumen, patrones de pecados pasados por medio de familias. Por lo tanto, mientras Dios ha clarificado en la Escritura el alcance generacional de la iniquidad. También ha recetado el como soltar esto generacionalmente. En la cruz, Isaías 53:6 dice: "Todos nosotros nos descarriamos como ovejas, cada cual se apartó por su camino; mas Jehová cargó en él el pecado de todos nosotros." Fíjate como dice "TODOS", toda la cadena de engaño, quebranto, enfermedad moral, perversión, culpa y pecados desde el Jardín del Edén hasta las puertas del cielo. Gracias a Dios, es el trabajo de Jesucristo para deshacer el trabajo específico del diablo. Jesús vino a cortar con un hacha las raíces de los arboles de maldiciones familiares generacionales.

¿Cómo sabes si hay un pecado generacional en tu vida? Repites los patrones de tu historial familiar tales como el rompimiento de familias, adicción, suicidio, enfermedad en cierta área, nadie prospera económicamente o nadie se ha graduado de la escuela, actos criminales o personas encarceladas. Abuso sexual, físico, emocional o verbal, incesto. Diferentes tipos de odio, cosas de lo oculto. Patrones continuos de pecado, quebrantamiento y fracaso. Accidentes repetidos, muertes o pérdidas.

Puede haber muchas evidencias externas de maldiciones, pero miremos las internas. Sentirse oprimido o deprimido toda la vida, sentirse vacío y no tener confianza en ti mismo o en la identidad. El saber que no puedes hacer algo en cierta área, malas decisiones, inferioridad, temor y vergüenza, ser victima de abuso o alguien que abusa, tristeza, rechazo, estos todos son desastres.

PERO GRACIAS A JESUS. Isaías 58:12 dice: "Y los tuyos edificarán las ruinas antiguas; los cimientos de generación y generación levantarás, y serás llamado reparador de brechas y restaurador de sendas para habitar." El trabajo de Dios es el reparar el interior. A esos individuos que se postran, Dios hará un trabajo en ellos que restaurará generaciones. Si hay patrones generacionales en tu linaje familiar, Dios puede parar eso contigo. La cruz interviene. Para familias abandonadas como "perdidas" y quebrantadas. Dios les dará una nueva vida a cualquier persona que se rinda. Recuerda que también hay fortalezas y bendiciones generacionales.

Los ministerios de justicia han sido enviados para reparar para que nuestras familias no carguen patrones defectuosos por medio del pecado, sino que sean limpios, completos para vivir una vida plena en el Señor.

Por generaciones muchas familias han sido destruidas y han caído. Sus fundamentos han sido rotos porque estos fundamentos estaban compuestos de mentiras, retrocediendo hacia las mentiras del Jardín del Edén. Cuando los fundamentos de Adán y Eva en la Palabra de Dios cayeron en las mentiras perversas de un intruso expulsado del cielo, las fundaciones de la raza humana (espiritualmente, moralmente, económicamente, socialmente, gubernamentalmente y emocionalmente) fueron defectuosas desde entonces. Por otro lado, construye tu casa sobre la Roca y el fundamento estará seguro. Jesús vino a redimirnos de la maldición de la ley, eso incluye las penalidades, juicios colectivos, desobediencia generacional que cae en las personas. "Redimir" significa "liberar, preservar, rescatar, soltar" Gálatas 3:13 dice: "Cristo nos redimió de la maldición de la ley, hecho por nosotros maldición (porque está escrito: Maldito todo el que es colgado de un madero)." Jesús llevó nuestros juicios en la cruz porque se llevó Asimismo, llevó nuestros pecados y maldiciones del pecado como son definidos en el libro de la ley.

Todo el pecado de la humanidad y sus efectos, pecados generacionales, maldiciones familiares, juicios, enfermedad y dominio de satanás son borrados y erradicados en la cruz. Todos somos derivados originalmente de la semilla original de satanás, las mentiras que creyeron Adán y Eva pero todos fueron redimidos por la nueva palabra, la Palabra Viva, Jesús dentro de nosotros. Cuando el pecado es sembrado en una generación, es cosechado en otra, quizás en un volumen mucho más grande porque una semilla sembrada puede producir muchas otras. Siempre hay una cosecha, por otro lado, cuando entra la justicia, eso puede producir una cosecha de vida por generaciones. El Apéndice C tiene una muestra de oración para romper maldiciones generacionales. El problema es que en muchas familias la gente no cierra las puertas de las maldiciones generacionales porque no saben hacerlo o no saben qué son, incluso algunos no saben que eso existe. Quizás tú seas la persona que debe hacerlo, por ti y tu familia para levantar los fundamentos de muchas generaciones.

2. Maldiciones por causa de la desobediencia.

En Deuteronomio 28 el Señor le dijo a su pueblo que si le obedecían serían bendecidos y si le desobedecían serían malditos. Hay una lista de bendiciones y una lista de maldiciones: Columna A y Columna B. El concepto es relativamente fácil. La primera razón es la siguiente (la segunda y tercera razón descritas son de igual importancia): La tierra está bajo una maldición por el pecado. El mundo y el Sistema del mundo están bajo la influencia del príncipe de poder de los aires y principados y poderes de maldad. La tierra es maldita, la creación está bajo una maldición, los linajes son malditos, la vida fuera de la voluntad de Dios es maldita, no importa que tan feliz y

prospera sea la existencia de alguien, todas las personas son peca-
doras y esclavas del pecado y sus consecuencias, por lo tanto, están
maldecidas. Todas las personas experimentarán resultados y penalidades por romper la ley de Dios lo sepan, lo crean o no. La existencia en la tierra sigue la ley del pecado y la muerte. Un alivio de
la maldición no va a suceder hasta que Jesús venga y reine y haya
un nuevo cielo y tierra nueva. También, la creación está esperando a
que la maldición sea rota por medio de la manifestación de los hijos
de Dios. En Romanos 8:19 dice: "Porque el anhelo ardiente de la
creación es el aguardar la manifestación de los hijos de Dios." Él
llevó la maldición de la ley en la cruz. Deuteronomio 28 es ese plan.
La obediencia es la clave del pacto de protección y favor.

La historia de Deuteronomio 28 va hacia varios pactos que el
Señor estableció comenzando con Adán, Noé, Abraham y Moisés.
Más relevante a esta explicación es que el Señor estableció a un
pueblo escogido por medio de Abraham. Por causa de la fe de Abraham todas las naciones del mundo serían benditas, y Abraham y
su descendencia serían benditos. Después estableció e instruyó a su
pueblo escogido del hijo de la promesa Isaac por medio del "pacto
Mosaico" de la ley. La esencia era que, si lo adoraban, lo ponían
primero y le obedecían como Él lo describió en la ley, tendrían
refugio, y bajo la cobertura de Su bendición no serían sujetos a
las "maldiciones" que otras naciones experimentaban, incluyendo
maldiciones por romper la ley de Dios. Además, Él bendeciría de
forma positiva sus tierras, ganado, finanzas, familias y su nación.
Serían la cabeza y no la cola. Su salida y entrada sería bendita, arriba
y no abajo, prosperarían y tendrían buena salud y tendrían el numero
UNO como pueblo de Dios en las naciones. En resumen, tendrían
favor divino, no solo cualquier tipo de favor sino uno sobrenatural
con Dios en ellos.

Por otro lado, si le desobedecían, adoraban otros dioses y permi-
tían ser arrastrados a la idolatría, inmoralidad y maldad de sus vecinos, saldrían de la cobertura de Su protección y provisión, favor
y amor afirmativo; además, serían maldecidos como las naciones
alrededor de ellos. Permíteme explicar, esta es la segunda dimensión
sobrenatural para su problema, serían sujetos a más daño porque

tenían conocimiento de Dios y lo rechazarían deliberadamente. Los vecinos paganos no sabían la diferencia, consecuentemente, el Señor pelearía contra ellos. Ellos serían testigos del amor y la verdad de Dios en la tierra, rechazando el amor y la verdad se convirtieron en testigos del juicio de Dios (y su misericordia en ocasiones) Dios les hizo saber (continuamente) que Él estaría enojado al permitirles experimentar las maldiciones descritas en Deuteronomio 28 como una lección hacia ellos mismos y a sus vecinos, lee Deuteronomio 28 tú mismo. Al pueblo de Dios le dijeron las consecuencias de desobedecer a Dios incluyendo todo, desde la pobreza a la enfermedad, de ser derrotado por los enemigos o el no disfrutar los frutos del trabajo, hijos en cautividad y más. Estas consecuencias no afectan solamente al "pecador" sino a su familia y si se expande lo suficiente, a una nación completa. Para ser más preciso, Dios hubiera sido provocado por el rechazo de su bondad, entonces no fue que la gente se fue de la cobertura de protección, sino que fueron sujetos a la ley general del pecado y la muerte y a la destrucción demoniaca y generacional que provocaron en el Señor basado en ese favor especial y revelación que se les fue dado. Él hizo una lista de maldiciones para que supieran la razón del sufrimiento y las bendiciones como resultado de la obediencia. Si regresamos a la oración en Daniel capítulo 9 puedes ver claramente que Daniel entendió que la cautividad de Judá era una de las consecuencias de la desobediencia colectiva.

Nota que Deuteronomio 28 enumera bendiciones y maldiciones bajo la ley, pero hay otras "maldiciones" en la Biblia que vienen a través de la desobediencia. Por ejemplo (una lista corta), quienes muestran rebelión en contra de Dios, Jeremías 28:16-17. Quienes escogen un camino en el cual Dios no se deleita, Isaías 65:11-15. Terquedad y rebelión, 1° de Samuel 15:22-23. Quienes le quitan o le añaden a la palabra, Apocalipsis 22:18-19 dice: "Yo testifico a todo aquel que oye las palabras de la profecía de este libro: Si alguno añadiere a estas cosas, Dios traerá sobre él las plagas que están escritas en este libro. Y si alguno quitare de las palabras del libro de esta profecía, Dios quitará su parte del libro de la vida, y de la santa ciudad y de las cosas que están escritas en este libro." Jeremías 48:10. Había maldiciones originales en contra del hombre, mujer y serpiente descritas en Génesis 3 y muchas más maldiciones de desobediencia. Lee Deuteronomio 27, es una lista larga.

Ahora, la tercera razón. Parte del propósito de Dios para su cobertura protectora y bendición, era prosperidad y refugio para Su pueblo escogido para traer al Mesías Jesús quien quitaría los pecados del mundo por medio de su sangre quien en base al nuevo pacto estaba diciendo "no falles en esto, la salvación del mundo depende de Jesús el Mesías que vendrá. Hay demasiado en juego, mi plan completo de salvación y recreación del hombre a mi imagen es mi mejor plan". Como Jesús le dijo a la mujer Samaritana, la salvación es de los judíos (Juan 4:22). Mientras el pacto que tienes es una forma de protección, también es una plataforma y patrón para el nuevo pacto que vendrá por medio de Jesús el Mesías para todo el mundo. Él llenará toda la ley y sus sacrificios por medio de su muerte y resurrección, su santidad, justicia divina y misericordia.

Anteriormente estuve hablando acerca de las "maldiciones generacionales" mientras éstas llevan el concepto de una fuente personal de poder y penalidades del pecado en un linaje familiar, las maldiciones por desobediencia son un resumen conceptual de las consecuencias del pecado. El Señor tenía un pacto con Su pueblo y estos eran los términos. Era general para todos, con el nuevo pacto por medio de la cruz y la resurrección de Jesucristo, el pueblo de Dios sería libre del pecado y del poder dentro del pecado, por lo tanto, las bendiciones de obediencia serían originarias de la relación personal con el Padre a través del Hijo por en investimento del poder del Espíritu Santo. 1ª Juan 5:14-15: "Y esta es la confianza que tenemos en él, que, si pedimos alguna cosa conforme a su voluntad, él nos oye. Y si sabemos que él nos oye en cualquiera cosa que pidamos, sabemos que tenemos las peticiones que le hayamos hecho."

El principio de experimentar tristeza, pérdida, a veces enfermedades, muerte y otras cosas negativas por desobediencia no se fue cuando traicionamos al nuevo pacto por medio de la sangre de Jesús, y de manera similar, la obediencia abre la puerta a muchas bendiciones. Es una ley espiritual, así como la ley de la gravedad. Dios nos ama incondicionalmente pero no nos bendice incondicionalmente.

Sigue siendo cierto que si te avientas de un techo alto quizás te rompas algunos huesos, si es que sobrevives. De igual manera, si te lanzas a un vórtice de pecados habrá resultados tristes, pero por medio del amor de Dios y su redención, la maldición se puede cambiar, los resultados tristes serán menos tristes y utilizados para Su gloria gracias a la cruz. Es la misma tentación que satanás intentó en Jesús e intenta redefinir el amor de Dios, Lucas 4:9-12. No hay nada desordenado en la gracia. La gracia es maravillosa y tiene un precio muy alto. El pecado, sus penalidades y efectos pueden ser invertidos. Jesús llevó las maldiciones de la ley en sí mismo a la cruz. Gálatas 3:13. Es por la cruz que el Señor podía hacer algo con el "ser interior" para "trascender" (superar, sobresalir en una forma gloriosa) todas las circunstancias y el cambio a menudo de estas circunstancias. Por lo tanto, es un factor que muchos malos resultados ocurren por causa de la gente que no obedece la voluntad de Dios y esencialmente se ponen bajo la "maldición" de nuevo y quienes cuyos malos juicios afectan el linaje familiar. La desobediencia le abre la puerta a la muerte. Perdemos la protección, favor y bendición de Dios al estar fuera de su voluntad. Afecta a mucha gente aparte de la persona que está en pecado. Comprueba que Su palabra es verdad, Su pacto y amor por Su pueblo es tan grande y profundo que primero nos dará muchas formas de dirección e instrucción.

El Apóstol Robert Henderson generalmente dice que mientras nos hayamos acercado a Dios el Padre (para nosotros) o Amigo (para otros) podemos también ir a Él como Juez para ser liberado de juicios de desobediencia personal o generacional que está bloqueando destinos, respuesta a oraciones, sanidades y mucho más. Imagina que tienes un juicio contra ti de $10,000.00. Por misericordia, tu hermano paga la deuda y no debes nada. Eso es lo que la sangre de Jesús hace para nosotros. Él ha pagado por todo en nuestras vidas y generacionalmente para que podamos ser restaurados, sanados, liberados, bendecidos y caminar en el destino que Dios tiene para nosotros. Podemos ir con Dios el Juez en la corte del cielo la base de la sangre de Jesús porque todo ha sido pagado en la cruz, y pide que ese juicio contra nosotros sea pagado también. Por ejemplo, ora así: "Basado en la sangre de Jesús, me arrepiento por mi y las generaciones antes de mi de ambos lados de la familia, por fraude, rebelión, temor, amargura, violencia, brujería o cualquier cosa (declara lo que creas relevante) que esté bloqueando (mi sanidad, prosperidad financiera, mi destino, etc.) y te pido que me perdones a mí y a mi familia por estos pecados y los juicios y penalidades, por estos pecados sean sueltos de mi contra por la sangre de Jesús."

Junto a esta simple explicación quiero expresar un panorama más amplio, una lección corta de cómo Dios lidia con gente y Su pueblo, a menudo simultáneamente, (todo al mismo tiempo). La Biblia dice que la lluvia cae sobre el justo y el injusto. El sol brilla para todos. Dios bendice a personas que ni siquiera lo conocen, no saben quién es o no lo aman. Incluso a veces bendice a gente que lo odia. Él da muchos dones en lo natural en todo el mundo. Él los da, equipa a las personas y al mundo para la vida y la continuación de la vida. Mucha gente es bendecida generalmente por su vida y dirección por causa de sus decisiones y otras son maldecidas. Esta es una premisa general del amor de Dios para la creación.

En un sentido más espiritual para el pueblo de Dios amado por medio de la salvación. El Señor tiene una jerarquía de comunicarse directamente con Su pueblo. Como vemos en la escritura. Él tiene una jerarquía para recompensar a Su pueblo en muchos niveles. En el nuevo pacto hay un énfasis en la "relación" y el amor y favor que fluyen de eso. Los niveles más altos de tal comunicación pueden ser un empujón suave, una brisa, impacto o revelación del Espíritu Santo al corazón que está sincronizado con el Señor, el corazón amoroso del creyente que desea complacer, no solo obedecer al Maestro. El Señor nos habla en Espíritu a nuestro espíritu, nos impacta con unción, visitas, sueños, visiones, mensajes, imparticiones y profecías o a veces solamente nos da Su amor y presencia. A final de cuentas, ÉL VIVE en nosotros. Tenemos el maravilloso amor y poder de Dios ministrado hacia nosotros en nuestro diario vivir. Él habita en nosotros. Judas 1:21 dice: "Conservaos en el amor de Dios, esperando la misericordia de nuestro Señor Jesucristo, para vida eterna." Mi traducción de esto es que debes mantenerte en esa relación amorosa con el Señor experimentando y desatando el amor de Él hacia otros, lo que pone en lugar Su amor continuo. Quédate en sintonía. Ama lo que Dios ama, odia lo que Dios odia, permite que Él sea el número uno y sométete y adóralo solo a Él. Debemos recordar que Su Reino transciende el mundo físico y Sus bendiciones son en muchos niveles.

Él también nos dirige y nos habla en su Palabra. Su palabra es "lámpara a nuestros pies y lumbrera nuestro camino." Si evitamos todo lo mencionado anteriormente, Él permitirá que nuestro mundo se derrumbe un poco para que experimentemos circunstancias de vacíos que nos llevarán a escucharlo más de cerca. No estoy diciendo que este es siempre el caso cuando tenemos pruebas y tribulaciones. Santiago 1:24 dice: "Hermanos míos, tened por sumo gozo cuando os halléis en diversas pruebas, (el significado aquí es pruebas); Sabiendo que la prueba de vuestra fe produce paciencia. Mas tenga la paciencia su obra completa, para que seáis perfectos y cabales, sin que os falte cosa alguna." Las pruebas y tribulaciones tienen un propósito en nuestra vida y es el de hacer que crezca nuestra fe. Por lo tanto, Dios permite que las cosas se derrumben si nuestro pecado nos aleja de su voluntad.

Deuteronomio 28 es un buen resumen de cómo Dios trata con la gente "en lo natural". Él fue claro con Israel que si lo obedecían en lo regular basado a Su palabra escrita serían bendecidos y si no lo hacían serían maldecidos, y cómo sucedería. Tiene que haber un visual para el mundo que hay un Dios y lo que Su amor hizo por ellos. Su bendición extravagante fue solo una señal, así como el favor y el amor que derrama sobre nosotros es una señal y su Presencia. Debemos entender que estas personas no eran nacidas de nuevo, llenas del Espíritu o transformadas por el Espíritu de Dios. Tenían la palabra en Ley. Ellos (y sus vecinos) necesitaban tener evidencia concreta ante sus ojos de las consecuencias si se apartaban de Dios y bendiciones claras si obedecían. A pesar que estamos bajo el "nuevo pacto" creo que para que las personas que han aceptado a Jesús como Salvador, el pecado abre puertas horribles y dolorosas. Puedes ser un creyente y aun así usar drogas perder todas tus posesiones y tu familia y morir de una sobredosis. Ser un creyente provee una salida y la gracia para hacerlo, pero siempre hay una decisión que tomar y en un tiempo de desobediencia. Creo que todos podemos decir "el Señor ha estado conmigo incluso en mi pecado, Él me ayudó." El Espíritu Santo todavía me ministraba en medio de mis errores. La gracia y misericordia de Dios me sacaron. Las consecuencias e incluso la humillación no eran tan malas como podían serlo. Él restauró mi alma y me devolvió mi herencia como si nunca me hubiera ido, así como el hijo pródigo, incluso en su camino a casa vio lo humillante y doloroso que fue buscar un corral para cerdos.

Entonces las consecuencias de la desobediencia descritas en la Palabra son una guía para el pueblo de Dios. Si hacemos las cosas a su manera, la puerta espiritual de bendición y favor se abre, y si no, la puerta se cierra. Muchas personas dicen: "Bueno, este es el antiguo pacto", y sí lo es, pero los principios del antiguo pacto siguen estando consistentes con los patrones del nuevo. Hay una recompensa para la fidelidad y obediencia. Jesús dijo en Juan 14:15: "Si me amáis, guardad mis mandamientos." ¿Lo amamos verdaderamente? A pesar que la gracia cubre nuestros pecados, Dios espera arrepentimiento y rectitud. Vivir activamente bajo obediencia y fe en Él para el Reino de los Cielos y todas sus bendiciones, plenitud, relación y gloria sean abiertas y aun así podemos experimentar las consecuencias del pecado si nos alejamos de Él. Romanos 2:9-10 dice: "Tribulación y angustia sobre todo ser humano que hace lo malo, el judío primeramente y también el griego, pero gloria y honra y paz a todo el que hace lo bueno, al judío primeramente y también al griego."

Somos personas celestiales y los hijos de Israel eran personas terrenales. Muchas de nuestras bendiciones son celestiales y no solo obedecemos para tener más cosas terrenales. Dios nos llama al sufrimiento, a veces carencias. Los creyentes son perseguidos y rechazados. Muchas veces los tiempos de pruebas pueden significar el cumplimiento de nuestro destino, pero ese es otro tema. Aun así, no podemos hacer a un lado Sus principios y la conexión entre la obediencia y bendiciones. El Padre se complace en darnos su Reino. Mateo 7:11 dice: "Pues si vosotros, siendo malos, sabéis dar buenas dádivas a vuestros hijos, ¿cuánto más vuestro Padre que está en los cielos, dará cosas buenas a quién se lo pida?" El Salmo 84:11 dice:

"Porque sol y escudo es Jehová Dios; Gracia y gloria dará Jehová. No quitará el bien a los que andan en integridad." Romanos 8:32 dice: "El que no escatimó ni a su propio Hijo, sino que lo entregó por todos nosotros, ¿cómo no nos dará también todas las cosas?"

Sin embargo, la Biblia profundiza en otras capaz de comunicación y dirección y la expresión del carácter de Dios. Recuerda la descripción del Señor en Éxodo 34:6: "Y pasando Jehová por delante de él, proclamó: ¡Jehová! ¡Jehová! fuerte, misericordioso y piadoso; tardo para la ira, y grande en misericordia y verdad; que guarda misericordia a millares, que perdona la iniquidad, la rebelión y el pecado." En el nuevo testamento vemos el maravilloso amor de Dios en la persona de Jesucristo lleno de gracia y verdad.

Si no hacemos caso a su Palabra escrita experimentaremos las consecuencias. Aún así Él nos advertirá, la mitad del Antiguo Testamento habla de los profetas hacienda eso. Mira a Oseas, Isaías, Jeremías, Ezequiel y otros. Jesús, el Gran Profeta, también tuvo muchas advertencias proféticas. Si fracasamos al responder a la advertencia, Él permitirá que los resultados del pecado nos vuelvan a definir. Si no volteamos, Él nos juzgará y aún en el juicio nos mostrará su amor y fidelidad. Él muestra su fidelidad de algunas formas al mostrarnos que su Palabra es verdadera como resultados de obediencia y desobediencia. Esta es la parte verdadera de la lección y nos da una prueba de su pacto. Si le obedecemos, hay recompensas y esta es una lección de amor. Su historia está impresa en las páginas de la escritura y no solo trata de obediencia sino de amor. Dios quiere una relación familiar amorosa, ese es su más grande deseo. Una historia familiar, una historia de una familia nueva después que Adán echó a perder su primera historia. Solo lee el libro de Ruth donde los protagonistas originales (Noemí y su familia) ignoraron el pacto (y 3 de 4 murieron y Noemí quedó desolada) pero Dios restauró a todos de una manera hermosa por medio de una mujer gentil llamada Ruth quien se casó con su redentor Booz. Sus descendientes incluyen a David y al mismo Jesucristo.

En conclusión, y no creo que esto está reservado para los creyentes sino en un sentido general, un mundo que ha fallado en responder a la gracia de Dios, verdad o juicios. Entonces la ira de Dios llega. Ya no está tratando con el mundo (quien ya no está en el pacto) en términos de redención sino ira como una expresión de su carácter santo. Si lees el libro de Apocalipsis. La gente que le da la espalda a Dios eventualmente experimenta la ira de Dios porque no puedes quitar a Dios del mundo, solo puedes rechazar y salirte del amor de Su Hijo Jesucristo, nuestro Mediador (Ir-entre). quien ha llevado nuestros dolores. Están rechazando al Único quien les puede tener misericordia, la gente está ciega, no creo que los verdaderos creyentes experimenten el juicio de Dios, pero rendirán cuentas de lo que han hecho o lo que no han hecho.

Hay muchos ejemplos en la palabra de las consecuencias de la desobediencia. Las maldiciones causadas por la desobediencia se pueden parar en nuestras vidas por medio del poder de la sangre de Jesús. Esto no significa que evitaremos toda consecuencia de nuestros pecados y las generaciones anteriores, pero el Señor puede intervenir y darnos un futuro nuevo con gozo de su Presencia y nuevas bendiciones. Jesús revocó la maldición de su muerte en la cruz. Todo comienza y termina en la cruz. Nota como muchas de las maldiciones listadas en Deuteronomio 28 afectan a las generaciones futuras. ¿Cómo revertimos esto? Arrepintiéndonos, por supuesto, porque el Reino de los Cielos se ha acercado. Dios no disfruta nuestro dolor, pero el dolor es un gran motivador. La Biblia también dice en Proverbios 26:2 que "Como el gorrión en su vagar, y como la golondrina en su vuelo, Así la maldición nunca vendrá sin causa." Cuando estamos bajo la protección del Todopoderoso por medio de la sangre de Jesús y caminamos en obediencia y sabiduría, las maldiciones en este contexto no tienen éxito. Cuando cerramos nuestras propias "puertas abiertas" de desobediencia y las cerramos generacionalmente. No hay derecho legal de entrada.

Entonces Deuteronomio 28 es una pequeña lección motivacional para escuchar al Señor y hacer las cosas a su manera, porque siempre hay consecuencias. La Biblia no es un libro de fantasía sino una fría realidad. Tomó la muerte de Cristo Jesús el Hijo de Dios para revertir las cosas y su resurrección para darnos una nueva vida e identidad. Habrá eventos cataclismos en el cielo y la tierra, para

darnos una nueva vida e identidad, juicios y sacudidas para imple-
mentar finalmente el rompimiento de ataduras y efectos del pecado
originados en el Jardín del Edén y continuando a través de la historia
de desobediencia del hombre. Pero, mientras tanto, podemos habitar
en el lugar secreto del Altísimo bajo la sombra del Todopoderoso y
eso es bajo la sombra de la cruz cubiertos por su sangre.

3. Maldiciones dichas por otros

Recuerda que las palabras tienen poder. Recuerda que decirle
a un niño que es tonto, o lento, o fracasado, o torpe puede causar
una maldición. Tales maldiciones dichas necesitan ser rotas en el
nombre de Jesús y las bendiciones de Dios deben ser sembradas
como plantas nuevas en la tierra del corazón. Arranca la mala hierba
de una identidad falsa, pon las semillas de lo que Dios dice acerca
de nosotros como creyentes. Somos aceptados y amados, tenemos
la mente de Cristo, somos la niña de sus ojos. "Todo lo puedo en
Cristo que me fortalece a mi, y a otros." Muchos cristianos intentan
comprimir la Palabra en sus mentes y corazones e intentan vivir en
ella, muchos se dan cuenta que no se ha arraigado apropiadamente
porque la escritura está entre la mala hierba del pasado, una historia
emocional que necesita ser escrita de nuevo página por página por la
sangre de Jesús. Eso es porque la buena tierra es tan importante para
que la vida de Dios crezca. El suelo necesita ser limpio, las mentiras expuestas por medio del arrepentimiento y perdón, deben ser
regadas con el rocío del Espíritu Santo, fertilizadas (muriendo a uno
mismo) y plantadas con la nueva Palabra de Dios para que Cristo
pueda crecer en nosotros. Esto es un proceso y definitivamente no
sucede de la noche a la mañana. No hay "de repentes" porque es el
crecimiento continuo de la vida de Dios en nuestros corazones.

Las palabras de maldición necesitan ser quebradas en la vida del
creyente. Tales palabras de ataduras con el crecimiento enano y que
bloquean la plenitud. Las palabras de desanimo, de ridiculización
y de supresión a la persona deben ser quebradas. Cualquier cosa
que nos ha impedido llegar a nuestra verdadera estatura debe ser
quebrada y echada fuera. Nos maldecimos a nosotros mismos por

nuestra fe interior en lo negativo en vez de lo que Dios dice acerca de nosotros. Hay actitudes y emociones con lo que debemos lidiar afirmativamente con el poder de la sangre de Jesús y el Espíritu Santo y reemplazarlo con principios de Dios. La historia emocional necesita ser santificada, en otras palabras, el ser santo significa soltar todas nuestras experiencias y actitudes hacia Dios para liberación, restauración y orden divino.

Ahora, estoy hablando en general, aunque quiero que entiendas el concepto. La maldición "eres estúpido" será reforzada por espíritus que inhabilitan a la persona para pensar o actuar claramente. Otras confusiones, mentiras, falta de claridad, mentiras, suciedad ya sea con actitudes emocionales o espíritus de baja autoestima, rechazo hacia uno mismo, enojo, violencia, actividad auto destructiva, pasividad mental. La persona puede ser bloqueada para el aprendizaje por una maldición hablada sin importar cuán inteligentes sea. Esta maldición y cualquier fuerza demoniaca atraerán más maldiciones de la misma variedad. Y el tiempo que se pase con personas que están quebrantadas y abusadas de formas similares. Hábitos que no son de Dios se desarrollan, la vida se arruina y se pierden oportunidades, quizás un resultado sea ir a prisión en vez de recibir una educación para recibir un mejor futuro. Las vidas son limitadas en vez de expandidas. Por esto es que el evangelio es la gran fuerza liberadora en el planeta y hay tanta guerra en contra de la verdad. Es por eso que debemos entender estos principios para libertad o llegaremos a efectos de esclavitud de fuerzas en contra de nosotros sin siquiera pensarlo.

Satanás separa a las personas conforme a sus pecados y debilidades. El fracaso puede entrar y traer una vida de quebranto como resultado. La maldición puede entrar fácilmente hasta la siguiente generación. Los padres pueden abusar de sus hijos en formas en las cuales ellos han sido abusados, conscientemente o no. Quienes no han experimentado el amor redentor de Jesús en cualquier profundidad pueden transferirlo sin saberlo a la siguiente generación. Habiendo sido bloqueado de la expansión y crecimiento; este bloqueo puede ser transferido a la siguiente generación resultando en áreas disfuncionales familiares. Cuando el dolor ocurre del rechazo y fracaso, trágicamente la frustración puede ser tratada con violencia, enojo, pasividad, drogas, alcohol y otras formas de escape solo duerme los sentidos y trata con el dolor de manera falsa, refuerza la negación del verdadero problema. Estas cosas dan fruto y reproducen más pecado.

Este niño llamado "estúpido" por lo tanto, probablemente no sufre ofensas aisladas. Generalmente hay ofensas acumuladas por los padres, niñeros y familiares cercanos. Realmente las palabras utilizadas para maldecir a un niño es uno de los frutos del corazón. Actitud de enojo, rechazo, frustración, abuso, insensibilidad de las personas con quien él/ella tiene una relación cercana. Como lo dije anteriormente, Jesús dijo que no ofendiéramos a los pequeñitos ni que los hiciéramos que tropezaran. Mejor seria que se le colgase al cuello una piedra de molino de asno, y que se le hundiese en lo profundo del mar, que hacer que los pequeños tropiecen. Ofensas vendrán dijo Jesús. Por lo tanto, Él nos advierte a no ser los ofensores. La dureza de corazón es pasada de generación a generación. Quienes han sido endurecidos por su propia experiencia u ofensas no siempre pueden responder con suavidad o plenitud a sus hijos. Un niño que comienza con un corazón blando, un corazón con un potencial para abrirse a Dios, el corazón le cambia de uno de carne a uno de piedra. Por medio de un nuevo nacimiento y el poder transformador del Espíritu Santo el corazón puede ser cambiado a uno de carne.

Como lo escribió Ezequiel en el trabajo transformador del Señor. Ezequiel 26:36 dice: "Os daré corazón nuevo, y pondré espíritu nuevo dentro de vosotros; y quitaré de vuestra carne el corazón de piedra, y os daré un corazón de carne." ¡Qué gran trabajo! Tomó la cruz. El pecado y las ofensas de otros pueden cambiar a los humanos y convertirlos en piedra. Nuestra naturaleza heredada hace que el alma humana sea vulnerable al proceso de muerte ya que no tenemos la naturaleza de Dios para responder de forma innata para responder en amor y perdón (o en una dimensión divina de amor y perdón) tampoco tenemos los recursos para liberarnos o liberar a otros. Entonces la vieja naturaleza se reduce y crece defensiva, lastimada, dañada y desconfiada. Para remediar esto, debemos nacer de nuevo y crecer en Dios donde podemos tener un corazón nuevo, mente nueva y nueva voluntad. Esta es la única vida verdadera. Ahora Jesús como la Piedra Angular debe convertirse en la nueva "Roca" en nuestras vidas la cual ya no está basada en un corazón endurecido. Nos movemos de un fundamento muerto a una Piedra Angular de vida, Jesús la Roca para que podamos convertirnos en piedras vivas. Necesitamos ser transformados por nuestras mentes. No solo es esto el proceso de pensamiento sino de patrones emocionales guardados en nuestras mentes, cuerpos y corazones.

Mira, no se necesita ser un terapeuta o sicólogo para comprender o ministrar sanidad interior y liberación. Básicamente necesitas ser llevado por el Espíritu Santo mientras examinas tu corazón o cuando ministras a otros. El Espíritu Santo es el Espíritu de la Verdad y te guiará a toda verdad. Esto no es para negar el valor de tales profesiones. Se puede aprender mucho con un terapeuta o psicólogo o educándose uno mismo en una materia mientras uno navega su alma con el Espíritu Santo. Quizás también ayude en una jornada iluminante; al final, el Espíritu Santo es tu guía y tiene el poder para darte la verdadera libertad y sanidad. Has sido habilitado con dones poderosos de revelación del Espíritu Santo para ministrarte a ti mismo y otros. El Señor sabía y deseaba esto cuando les dio el Espíritu Santo a todos en Su cuerpo, no solo a los líderes. El Espíritu Santo tiene el tiempo de Dios y la dirección para tu sanidad y liberación. Sabes histórica y prácticamente lo que has experimentado y lo que tu familia ha experimentado. Este es el punto de partida, Dios sabe cómo llegar a estos lugares para dar vida y sabe también el orden.

Por ejemplo, un día hablé con una mujer (ni siquiera la estaba ministrando) y escuchaba el nombre "Francés, Francés, Francés" finalmente le pregunté ¿Qué es Francés? Y lo que significaba para ella. Ella me dijo que su nombre originalmente era "Francés," pero su padre tuvo un amorío cuando ella tenia alrededor de tres anos con una mujer llamada Francés y su madre le cambió el nombre a algo diferente. Hubo una interrupción en su alma y el Señor lo quería remediar. Los dones del Espíritu Santo estaban operando mientras yo escuchaba el nombre "Francés" en mi espíritu y los dones se sanidad estaban operando mientras una amiga y yo ministrábamos sus emociones. A veces el Señor me muestra (o a la persona ministrando conmigo, ya que trabajamos en equipo y recibimos revelación) que una persona ha sido abusada sexualmente, tuvo un aborto o ha sido rechazada por su padre o madre. Obviamente el Espíritu Santo desea tratar con el área afectada, quizás otras áreas necesitan restauración y liberación mas debes seguir lo que enfatiza el Espíritu Santo. A veces comienzas en un área y la vida de la persona comienza a desenredarse para sanidad y liberación. Esto es para decir que el Espíritu Santo es un Gran Profesional y solo estamos siguiendo su guía. Adicionalmente, por la santidad de Dios y el poder de su amor y presencia, hay una dimensión de sanidad y liberación que nunca puede venir de un profesional de este mundo, la sanidad interior y liberación tienen una dimensión divina y sobrenatural. El Hijo nos hace libres.

Una vez más, el Reino de los Cielos tiene un diferente "Sistema operativo" al del mundo.

Esto no significa que nunca debemos orar en maneras simples y metódicas, a menudo le pregunto a las personas que hagan oraciones generales de arrepentimiento que son aplicables a su vida, oraciones que rompen maldiciones generacionales o que rompen juicios en contra de la persona. Estos son los cimientos para liberación y sanidad más profundas. Mientras oramos e interactuamos las puertas se abren.

Ahora, regresando a las maldiciones personales: un ejemplo de tal maldición visto en la vida de Jabes. 1ª Crónicas 4:9-10 dice: "Y Jabes fue más ilustre que sus hermanos, al cual su madre llamó Jabes, diciendo: Por cuanto lo di a luz en dolor. E invocó Jabes al Dios de Israel, diciendo: ¡Oh, si me dieras bendición, y ensancharas mi territorio, y si tu mano estuviera conmigo, y me libraras de mal, para que no me dañe! Y le otorgó Dios lo que pidió."

En otras palabras, su madre le dio el nombre "dolor" porque "dio a su luz a su dolor" quizás su nacimiento fue muy doloroso o las circunstancias rodeando su nacimiento le habían causado dolor o quizás no quería otro hijo. No lo sabemos, lo que la escritura dice es que a Jabes no le gustó lo que hizo su madre y le pidió a Dios que cambiara su destino de una maldición a una bendición. Yo no veo a un padre natural cambiando esta historia y ayudando a Jabes y a su madre. Quizás su ausencia o comportamiento es parte del dolor. El mensaje es claro que le podemos pedir a nuestro Padre Celestial que cambie las cosas. Su madre había transferido toda su angustia y problemas a su hijo. Tal "transferencia" sucede todo el tiempo, él fue el chivo expiatorio para su dolor. Fue una maniobra egoísta de su parte hecha por una mujer en negación (no quería enfrentar sus propios problemas). Dejar que Jabes tuviera que soportar el dolor porque no era culpa de ella. Sus hermanos no lo ayudaron tampoco. Él había vivido con un nombre y un destino desde el nacimiento y era destructivo. Nadie le ayudaba a tener una vida mejor.

Sin embargo, Jabes era un joven de fe y actuó solamente en ello. No queriendo que su destino fuera fijado por su madre o alguien más, él buscó un destino superior, la bendición de Dios y una vida mejor. La mano de Dios sobre él y protección del mal que no le traería luto. El dolor limita la vida, nos convertimos en prisioneros del pasado, pero las bendiciones agrandan la vida, vivimos para lo que Dios ha diseñado para el futuro. Jabes representa la lucha simbólica que todos tenemos. Llamamos al Dios de la cruz para que nos saque de las declaraciones y memorias dolorosas de nuestras familias o de las generaciones precedentes para movernos a lo nuevo de la vida y a las bendiciones de Dios por fe y la Palabra.

La gente puede decir algo acerca de nosotros, pero esas palabras no pueden causar efecto a menos que lo permitamos, es un nivel fácil de desarraigar. Es más destructivo cuando pensamos en nosotros mismos en algo negativo, pensamos que somos estúpidos, feos, malos, defectuosos, malos o fracasados. Mira las secciones del libro que hablan acerca de fracasos personales y algunos pactos y creencias negativas. Desafortunadamente, muchas de estas actitudes son absorbidos en nuestras mentes, cuerpos y emociones. Lamentablemente, muchas de estas actitudes son asimiladas en nuestras vidas casi subconscientemente. Las creencias negativas pueden ser el creer que uno siempre es un fracaso, que no merecemos amor, que no es bueno confiar en la gente, sentirse inferior, creer que nadie nos hace caso, que nadie nos ama, que la vida es injusta, que somos débiles y estamos enfermos. Tengo que manipular gente porque no tengo lo que quiero. Quizás la generación antes de ti comunicó el mensaje de una u otra forma. "Se fuerte, no muestres emociones, es una muestra de debilidad", todas estas creencias pueden ser traspasadas en la misma familia. La gente ni se da cuenta, pero estos mensajes causan disonancia con la promesa de Dios y su plan perfecto para nuestras vidas. Nos hemos acostumbrado tanto a eso que no lo notamos después de cierto tiempo.

Las maldiciones pueden ser dichas hacia un niño, por ejemplo, en enojo o abuso, pero generalmente se las pasa quienes están cerca del niño. Dios puede darles vuelta a todas las maldiciones incluso a las tragedias familiares. Clamar a Dios el Padre puede hacer algo nuevo en nosotros por medio del Espíritu Santo. Jabes fue redimido de la maldición de su madre, una maldición natural y un destino que ella intentó crear para él, al clamar por la bendición de Dios su Padre, una bendición de linaje espiritual. Por medio de la sangre de Jesús podemos romper cadenas y patrones que han sido hechos en nuestras vidas y así desatar una bendición en el nombre de Jesús. Algunas de estas maldiciones son muy profundas y pueden estar ocultas por años, pero el Espíritu Santo puede revelar secretos.

4. Maldiciones de brujería y practicas de lo oculto.

Maldiciones de brujería, hechizos, encantos, síquicos, oraciones demoniacas hechas por gente que opera en lo oculto, maleficios, molestias, santería, vudú y otras practicas de lo oculto son otro mundo del poder espiritual fuera de la palabra de Dios. En este segmento voy a incluir lo siguiente, oraciones a dioses que no son a Dios el Padre en el nombre de Jesús. Gente que usa hechizos y maldiciones, por ejemplo, algunos dirán que hay buenos y malos. Personas que pueden usar el poder espiritual para sanar enfermedades, manipular eventos para prosperidad, orar a sus dioses esperando un resultado (en ocasiones obteniéndolo). Hay muchos sistemas espirituales allá afuera con mucho poder, cualquier sistema espiritual que no esté basado en el Padre, Hijo, Espíritu Santo, la Palabra de Dios, la sangre de Jesús y el poder del Espíritu Santo de Dios, no es de Dios.

Dios es Santo, los otros sistemas no. Él es el Dios de la creación y salvación. La sangre de Jesús "santifica" y nos hace santos como nuestro Dios Padre, si lo buscamos de la forma correcta y tenemos relación con Él. "Sin santidad nadie verá al Señor" Hebreos 12:14. Aunque un resultado se considere "bueno" por alguien o "malo" si no es originado por Dios (el verdadero Dios) por lo tanto no es del árbol de la sabiduría del bien y el mal no del árbol de la vida.

Vivimos en un universo espiritual pero no todos los espíritus son de Dios. El apóstol Juan escribe en primera de Juan 4:1-3: "Amados, no creáis a todo espíritu, sino probad los espíritus si son de Dios, porque muchos falsos profetas han salido por el mundo. En esto conoced el Espíritu de Dios: todo espíritu que confiesa que Jesucristo ha venido en carne, es de Dios; y todo espíritu que no confiesa que Jesucristo ha venido en carne, no es de Dios; y éste es el espíritu del anticristo, el cual vosotros habéis oído que viene, y que ahora ya está en el mundo." Nuestra relación con Dios es una relación santa porque la sangre de Jesús nos limpia, nos da derecho al trono de Jesús y al cielo por Su gracia. Somos personas celestiales. No importa como cualquier sistema espiritual es caracterizado, es por la voluntad y revelación de Dios y/o basado en el Señor Jesucristo, su muerte para la salvación del mundo a través del derramamiento de Su sangre como el sacrificio eterno para nuestros pecados y su resurrección.

Digamos que un hechizo, maldición o un rezo es enviado a ti o alguien te incluye a ti y a tu futuro en una oración hecha a otro dios. Estas cosas tienen el poder para influenciar nuestras circunstancias, causar opresión, confusión, conflicto, manipular, soltar enfermedades, crear ataduras en la familia o iglesia. Pero, lo primero que hay que recordar (si disciernes que algo ha sido enviado a tu camino y está causando que te sientas oprimido, consumido o con vista nublada, etc.) deber saber que ¡LA SANGRE DE JESÚS ES MÁS PODEROSA! Quédate bajo la sangre de Jesús. Rompe cada maldición dicha en tu contra y tus seres queridos en el nombre y por la sangre de Jesús. Puede ser desorientador el regresar a ponerte de pie para orar y guerrear. Revisa tu corazón también, quédate en obediencia y sé pronto para perdonar y arrepentirte para que no haya ninguna puerta abierta contra el enemigo. Pídele al Señor que te muestre las puertas abiertas o que te muestre cómo hacer guerra espiritual más efectivamente si detectas interferencia.

Clama la sangre de Jesús sobre tu vida, circunstancias, familia, amigos y cualquier otra cosa que Dios te muestre diariamente. La sangre de Jesús es más poderosa que cualquier cosa que el enemigo te envíe o personas que no operan bajo la voluntad de Dios. No quiero que los Cristianos oren por mí fuera de la voluntad de Dios, que no me den palabra profética que no es consistente con lo que el Espíritu Santo me muestra. Esto puede causar confusión y opresión. Ten discernimiento espiritual, también hay Cristianos que dicen y proyectan sueños acerca de tu futuro, cosas que están desalineadas con la voluntad de Dios. Rompe estas proyecciones y sigue adelante. Respecto a las maldiciones ocultas, hechizos, encantos, etc. Todo el poder de estos métodos de manipulación, control, destrucción, aprisionamiento, no son nada comparados con la sangre de Jesús. Estoy segura que hay detalles misteriosos en estos tipos de palabras y maldiciones, mas estas no son rival para nuestro Dios. No quiero ningunos demonios lanzados en mi dirección.

¿Cómo rompes una maldición? Muy simple, di lo siguiente: "Rompo esta maldición hecha en mi contra o palabras contra mí en el nombre del Señor Jesucristo, ato y rompo el poder de cada demonio enviado en mi contra y le mando a que sea atado, me deje y se vaya en el nombre de Jesús." Hay personas que sugieren regresar juicios "de arrepentimiento" En otras palabras, permitir que la persona haciendo la maldición experimente la maldición para traer arrepentimiento, como un boomerang espiritual. Esto puede ser lo único que los despierte. Esto debe ser dirigido por el Espíritu Santo. La Biblia también dice que ores por quienes te acusan y te persiguen. Ora por su libertad y sanidad. Las personas necesitan entender que hay un efecto de boomerang automático de esa maldición, una maldición se puede regresar a quien la envió quizás no en la misma forma sino en opresión y ataduras en sus vidas. El Salmo 109:17 dice "Amó la maldición, y ésta le sobrevino; Y no quiso la bendición, y ella se alejó de él."

Recuerda que hay personas que odian a Jesucristo, odian al pueblo de Dios, odian el amor, la verdad y santidad de Dios en la tierra, quieren destruir, oprimir y maldecir a su pueblo para parar la gran comisión y no permitir que Jesucristo el Rey de reyes reine en la tierra. Hay principados espirituales que desean que el planeta esté atado. El príncipe del poder del aire trabaja en los hijos de la desobediencia (Efesios 2:2) así que no es un ambiente neutral. Necesitas guerrear diariamente.

También hay muchas personas que no les importa nuestro Dios santo y operar en un universo falso. Parece "espiritual" pero no es de Dios. Nuestro universo espiritual está construido en Jesús, la cruz, resurrección y nueva vida por medio de Su sangre, la Palabra de Dios, la voluntad del Padre y el poder del Espíritu Santo. Hay mucha gente que intenta manipular y controlar a otros por medio de poderes ocultos. A veces piensan que es bueno, pero si no es de Dios no es bueno. Si le perteneces a Jesús, "Ninguna arma forjada contra ti prosperará, y condenarás toda lengua que se levante contra ti en juicio. Isaías 54:17. Tienes el poder y autoridad para poder parar cualquier cosa en tu contra, tu familia o la iglesia incluso para escalar aun más, ciudad o nación por el poder de la sangre y el nombre de Jesús.

Estos "rezos", maldiciones, encantos, hechizos y otras declaraciones habladas sueltan espíritus inmundos para lograr el intento de la maldición. Es una maldición y porque es hablada tiene acceso a una fuerza espiritual que no es de Dios y el demonio es suelto para que suceda lo intentado en la palabra. Cuando nosotros hablamos la palabra de Dios los ángeles son sueltos para dar un resultado de Dios. Incluso cuando oramos por las personas como cristianos, es importante discernir y orar para que el tiempo de Dios sea en esa persona. Podemos orar por las lenguas de hombres y ángeles y las declaraciones del Espíritu Santo.

En general, no hay tal cosa como brujería buena o buenos poderes ocultos, o buena meditación de la nueva era o buenos hechizos, incluso puedes cosechar un problema porque la palabra dice que cosechas lo que siembras y estos poderes no son originarios del

Padre, Hijo y Espíritu Santo. Esto incluye oraciones para cualquier dios que no es el Padre en el nombre del Hijo Jesucristo. No importa que tan buena sea la gente o que tan elocuente sea la oración. Quienes están envueltos en lo oculto cosecharán confusión, oscuridad espiritual y muchos otros problemas por generaciones. La brujería y el acceder o abrirse a algún poder oculto es como cemento espiritual. Sigue la misericordia y voluntad de Dios y detiene a los participantes en pactos de muerte, pactos con demonios, pactos con personas no creyentes y todo lo que necesita ser toso. No hay tal cosa como vivir una buena mentira. Hay problemas en muchas áreas para las personas accediendo este poder, alcanzando sus descendientes, enfermedad, pobreza, opresión, impureza sexual, familias rotas, enfermedad mental, muerte prematura y más.

Digamos que la ignorancia, curiosidad, impaciencia, estupidez o engaño. Quizás fuiste con alguien que lee la mano, llamaste a un síquico y recibiste "palabra profética" o recibiste alguna información o respuesta en un, Tablero del Ouija, hojas de té, cartas de tarot o carta astrológica. Primeramente, has permitido ser maldecido porque tales practicas están en contra de la escritura y no provienen de la palabra de Dios, no importa que tan buena y que tan verdadera sea. Segundo, los demonios han sido soltados para darte "palabra" y que haya una respuesta. Tercero, haz puesto en moción algo que es destructivo a tu vida y las generaciones venideras. Lo que necesitas hacer, arrepentirte por haber accedido tales medios de información, renuncia a tal practica y rompe el poder de la maldición causada por el pecado. Después, ata y echa fuera a cualquier demonio que ha sido desatado, dile a ese espíritu que se vaya en el nombre de Jesús. Has abierto una puerta y no es una buena, la quieres cerrar de nuevo. No quiero nada "bueno" si no es de Dios. Aléjate de lo "maravilloso" de meditar y yoga. ¿Sabes de donde viene todo esto? Cada posición de yoga es ofrecida en sacrificio a los dioses hindúes y por lo tanto una puerta abierta para el espíritu demoniaco. Solo el Espíritu de Dios es santo, solamente porque experimentas cierto tipo de paz o experiencia sobrenatural en tu alma no significa que seas una persona "espiritual" o que has accedido el Espíritu de Dios, estás accediendo algo que no es el Espíritu Santo.

Finalmente, solo una clarificación. Escucho a muchas personas decir que son espirituales, pero no religiosos. El concepto completo es una comparación falsa. Primero, al menos que nazcamos de nuevo, estamos muertos espiritualmente. Es tan simple. Segundo, Dios no llamó a la gente a ser "religiosa". El los llamó a ser santos y a seguirlo. Para mi, las personas que dicen tal cosa son ya sea ignorantes del Dios Vivo y verdadero; han experimentado algo de naturaleza espiritual en su alma; no desean comprometerse en obediencia a Dios o en el mejor de los casos; tienen hambre de algo de Dios, pero no han encontrado la verdad.

Pero la buena noticia es, que el poder de la sangre de Jesús y el nombre de Jesús y el poder del Espíritu Santo, pueden romper cualquier poder de maldiciones. No son rivales. Solo rómpelos. También sepa que su interés o aun vulnerabilidad en esa área puede escuchar a nivel generacional.

5. Maldiciones personales

Un poco más acerca de esto, estas pueden ser maldiciones dichas sobre nosotros o cosas que creemos acerca de nosotros un monólogo subconsciente. "Nunca seré lo suficientemente bueno, no llegaré a ese nivel, soy una vergüenza, no lo puedo hacer" Yo a esto le llamo maldiciones porque son un monólogo interno en oposición a la imagen y semejanza de Dios para sus hijos por medio de Jesucristo, estas no son meditaciones de la nueva creación, La escritura dice en el Salmo 19:14 "Sean gratos los dichos de mi boca y la meditación de mi corazón delante de ti, Oh Jehová, roca mía, y redentor mío." Eso va para nuestros pensamientos internos acerca de quienes somos, entre otras cosas. ¿Están nuestros pensamientos alineados con los pensamientos de Dios hacia nosotros revelados en su palabra? Tales maldiciones a menudo están escondidas en nuestros corazones por el dolor, negligencia o trauma que hayamos experimentado cuando éramos jóvenes. A menudo son el trasfondo de nuestras acciones trabajando en un nivel de profundos patrones generacionales de los que ni siquiera sabemos, algunos incluso son de generaciones antes de las de nosotros. Dirigen el barco de nuestras vidas sin nosotros si quiera estar al tanto de la influencia y nos preguntamos porque sucede esto una y otra vez. Cuando no hay luz, nos tropezamos con cosas que ni siquiera sabemos. Proverbios 4:19 dice "El camino de los impíos es como la oscuridad; No saben en qué tropiezan." Y Jesús dijo en Juan 11:9 " Respondió Jesús: El que anda de día, no tropieza, porque ve la luz de este mundo;" El ser libre de estas maldiciones requiere un deseo determinado de ver lo que está en nuestros propios corazones y de ahí someter tales actitudes a Dios, permitiéndoles que sean reemplazadas con la verdad de Dios. A menudo, nuestros corazones están tan entrenados en fracaso y tristeza. Por ejemplo, quizás tome un tiempo el ser limpio y algunas de estas cosas son generacionales. David clamó, "Crea en mí, oh Dios, un corazón limpio, Y renueva un espíritu recto dentro de mí. Salmos 51:10-11. Afortunadamente, muchas veces el Espíritu Santo anula nuestros juicios internos contra nosotros mismos y sustituye la verdad de una nueva creación en Cristo.

Alineado con las maldiciones personales son votos que operan como maldiciones. El decir cosas como "No vuelvo a confiar de nuevo, no voy a dar de nuevo" este tipo de votos internos limitan nuestras bendiciones, el decir "no vuelvo a estar en una relación con este tipo de persona, ya no intentaré eso" después hablaré más acerca de eso. Rompe estos votos y se sensible si vuelven a salir.

Una gran piedra de tropiezo es la vergüenza. La vergüenza es tan poderosa, ni siquiera sabemos que está ahí, pero afecta cada área de nuestras vidas. La vergüenza es una asesina, intentará adueñarse de nuestra alma. Viene cuando piensa que somos indignos, sucios, defectuosos, hemos pecado o cometido errores que alteran la vida. La vergüenza puede ser generacional, las personas antes de nosotros sufrieron vergüenza gracias a la discriminación, trauma masivo, abuso, temor, pobreza, errores personales, fracaso y otras razones. La vergüenza tiene su propia historia escondida. Amigos, Jesús llevó nuestra vergüenza, ¿estás siendo justo al llevarla? El no quiere que vivamos cabizbajos por ello. El enemigo preferiría que la sintiéramos todo el tiempo. Es algo difícil de romper y se convierte en parte de nuestra personalidad. Ser determinante a no llevar la maldición que el enemigo te ha forzado a llevar por la eternidad. No es nuestra, la vergüenza es el corazón de nuestro ser, a veces la culpa puede estar relacionada a actos específicos. A veces la vergüenza es pasada a través de las generaciones. El padre, madre, abuelos sintieron vergüenza y naturalmente cae en nosotros, todos se sienten inferiores y victimizados, pero debemos operar sobrenaturalmente. No es algo que debemos sobrellevar.

En conclusión, varios tipos de maldiciones pueden impactar nuestras vidas de forma negativa: Maldiciones generacionales, maldiciones de otros, maldiciones que hablamos sobre nosotros mismos o meditamos en nuestros corazones, maldiciones de desobediencia y maldiciones de lo oculto. El ser limpio de maldiciones es otra capa de limpieza que necesitamos. Las maldiciones pueden entorpecernos sin importar qué tanto queramos salir adelante. Recuerda que Jesús se convirtió en maldición por nosotros.

Cuarto Nivel: Ataduras

El cuarto nivel de limpieza es el quebrar ataduras que no son de Dios. Voy a incluir esto en una forma general, hay conexiones espirituales asociadas también. Estas son ataduras emocionales que nos atan y son originadas de conexiones que están fuera de la voluntad de Dios. Nota que estas "ataduras" pueden ser por causa de objetos inanimados, sustancias, animales, personas, sonidos y olores, no todas son impías pero el romper este tipo de ataduras que no son de Dios nos da libertad.

De nuevo, no todas las ataduras son impías. Las conexiones son necesarias e importantes en la vida. Dios quiere que estemos conectados, ser parte de algo y unidos en relaciones de Dios con otros. El es un Dios relacional. El Señor quiere que le pertenezcamos a El primero, a la familia, cónyuges, al cuerpo de Cristo, amigos, incluso a naciones, a pueblos, hay un plan en todo ello. El ser parte y conectar es parte de nosotros como seres humanos. Nuestros corazones fueron designados para amar y ser amados y para estar mutuamente envueltos en la vida unos con otros. No es bueno que el hombre o la mujer estén solos. Cuando Jesús fue bautizado en el Rio Jordán, el Padre dijo "Este es mi Hijo amado, en quien tengo complacencia." El Padre identifico a Jesús como su Hijo amado lo ultimo en afecto y pertenencia. Es el carácter y el deseo de Dios. Mateo 3:17. Aunque Dios quiere que "pertenezcamos" y "pertenecer" es parte de nosotros, nuestras conexiones no están diseñadas para ser más importantes que el Señor, su voluntad y principios. El es nuestra conexión primaria y suprema. Por lo tanto, sin conexiones estaremos anhelando el confort y el apoyo de ser parte de algo por mucho tiempo.

El Señor instituyó el pacto del matrimonio donde dos personas se convierten en una sola carne, literalmente, una nueva creación es formada. Claramente el Señor tiene la intención que haya conexiones en una relación de pacto. El Señor estableció el "cuerpo de Cristo" en el cual estamos unidos con diferentes funciones. Pablo escribe en Colosenses 2:2-3: "Quiero que lo sepan para que cobren ánimo, permanezcan unidos por amor, y tengan toda la riqueza que proviene de la convicción y del entendimiento. Así conocerán el misterio de Dios, es decir, a Cristo. En quien están escondidos todos los tesoros de la sabiduría y conocimiento." El desea que los corazones de Su pueblo estén unidos en amor. Efesios 4:4 dice "un cuerpo, y un Espíritu, como fuisteis también llamados en una misma esperanza de vuestra vocación; un Señor, una fe, un bautismo, un Dios y Padre."

Tenemos amistades, asociaciones con otros humanos, relaciones de trabajo y asociaciones con las cosas de Dios. Amamos a nuestras mascotas. La Biblia es clara que debemos tener cuidado con quien (o con que) nos asociamos y debemos tener límites de pacto de obediencia para no entrar en idolatría. Mayormente, Dios quiere liberarnos y que nos aferremos a El, que seamos las personas que El nos creo, no estrechados ni esparcidos como escombros adueñados por otros. Jesús es el centro de ti y de mi.

Miremos las ataduras que no son de Dios. ¿Por qué son importantes en términos de libertad? La razón es que podemos estar atados a personas o lugares u objetos que nos controlan, nos causan dolor o placer fuera de la voluntad de Dios y transfieren demonios entre otras cosas. Nos pueden mantener en esclavitud. Además, nuestro enfoque en Dios se pierde como nuestro primer amor y un tipo de idolatría ocurre. No tienes que estar con una persona físicamente para la transferencia de espíritus. Una atadura puede ser retenida por dolor, lujuria, temor, placer, confusión, muerte o trauma, por ejemplo, eso tiene que irse.

Hay gente que está atada al dinero. Por ejemplo, el gobernador joven y rico descrito en la Biblia tenía al dinero como su dios; el no era libre para seguir a Jesús. Acán, el problemático de Israel estaba atado a una prenda y a una pieza de oro. El tomó algo que le pertenecía al diablo, la prenda, y algo que le pertenecía a Dios, la pieza de oro. Lastimó a toda la nación. Josué 7:20-21.

Hay personas que están atadas a jeringas y pipas, música, fotos, cartas, pornografía. Puedes tener ataduras a tu entretenimiento favorito, a cierto tipo de música, aparatos electrónicos, carros, ropa, joyería, ropa de marca, drogas, un alcohol de marca y algo más.

Mientras es importante romper las ataduras que no son de Dios, es igualmente importante arrepentirse por el apego y buscar la raíz del daño que permitió tal. Los objetos pueden tener derechos legales para opresión demoniaca, documentos, acuerdos, regalos, ropa, fotos de ex novios, ex novias, parejas sexuales de cualquier tipo, o cualquier comunicación electrónica y hay tantos tipos ahora que pueden ser un canal para el enemigo. Estamos lidiando con tantas redes sociales, páginas y aplicaciones. Todo esto puede estar escondiendo las mentiras del enemigo, transfiriendo espíritus y creando ataduras. Nuestras mentes, espíritus, emociones pueden ser mucho menos si están atadas de una forma que no es de Dios, si nos deshacemos de estas cargas. Algunas ataduras ocurren cuando una persona es violada o molestada. No es una atadura deseada pero el alma sin embargo es atada a esto que es negativo y destructivo hacia la persona que perpetró esto. Si no hay libertad, el ciclo puede ser repetido y el luto se convierte en una forma de vida. Agrega esto a la vergüenza y a la reluctancia de hablar acerca de la violación.

Con las ataduras puede haber pactos que no son de Dios. Este tipo de pactos de hacerse miembros de una pandilla o una organización oculta pueden estar controlando tu vida. Incluiré también sistemas religioso o semi-religioso que no están basados en la palabra de Dios, como los Masones o mormones, hay muchos más. En tal caso, rompe el pacto (incluso el pacto de sangre) con esa pandilla o grupo y cualquier voto que se haya hecho, debes entrar al pacto de la sangre de Jesús. El enemigo no puede tenerte. La sangre de Jesús es más fuerte que cualquier pacto de sangre. Por ejemplo, "Rompo este pacto con XXX en el nombre de Jesús y me uno a Jesucristo por el pacto de sangre que El derramó en la cruz" "Rompo cada pacto con la muerte, rompo cada pacto con (tal y tal) persona (o Sistema) que no sea tuyo." "Rompo todos mis votos y pactos con la organización XXX." Quizás tengas que hacer una lista de los pactos hechos. Permite que el Espíritu Santo sea tu guía. Rompe toda cobertura que no sea de Dios. Algunos pactos terminan, quizás se murió un cónyuge, o hubo un divorcio por infidelidad. Yo recomiendo romper esos pactos espiritualmente también. Te sorprenderás del tipo de liberación que uno recibe. Es hora de seguir adelante, eso no significa que uno deja de amar solo significa que estás desechando los residuos que atan. Por las ataduras con la gente o lo que experimentamos con ellos, podemos estar atados a la tristeza, pérdida, dolor. Es como si tuviéramos pactos de tristeza, perdida o dolor porque estamos recibiendo algo de ello, intercambiándolo por plenitud por el confort de recordar. Es un espacio familiar pequeño, pero es destructivo y hay que renunciar a ello.

Quizás alguien que ha sido abusado/a sexualmente y son amenazados y deben "prometer" que nunca le dirán a nadie o quizás alguien se hizo una promesa asimismo. Es tiempo de romper estas promesas y las ataduras conectadas también.

Hay personas que están conectadas al pecado por otros. Incluso desean ser libres, la atadura del pecado es fuerte y los espíritus demoniacos siguen siendo transferidos, aunque la relación haya terminado. Estas ataduras están relacionadas a usar drogas o alcohol con otra persona y cualquier otra cosa. Estas ataduras pueden ser pornografía, por supuesto, hay muchas ataduras muy fuertes en las relaciones sexuales o el ser expuesto sexualmente, esto incluye el sexo imaginario. Esta es una razón por la cual la Biblia nos dice claramente que "huyamos de la fornicación" y esa fornicación es pecado contra nuestro mismo cuerpo.

Una persona puede tener ataduras a personalidades alternar, personas, placeres o personas del pasado, de mondo que cuando presión, problemas, hambre física o emocional, soledad o aburrimiento, es fácil volver a estas cosas" Se convierten en un problema por estándar.

Todo tiene un pago. Debemos hacer la siguiente pregunta ¿Qué está alimentado esta atadura? Es claro que el Señor desea romper esto para disminuir la capacidad de nuestros corazones para que podamos amar más a Dios y que Su pueblo pueda tener una mejor vida. Cualquier cosa que ganemos fuera de los límites y mandamientos de Dios es un intercambio que no vale la pena. Renuncia a ellos y sigue adelante para tener una vida autentica en Cristo. No podemos tener a gente más grande con ataduras pequeñas. Proverbios 4:23 dice: "Sobre toda cosa guardada, guarda tu corazón; Porque de él mana la vida." Lo que llena nuestros corazones es por lo que vivimos, conscientemente o no. El romper ataduras que no son de Dios permite que El trabaje y nos ayuda a crecer.

El Señor, la gente a nuestro alrededor que Dios ha puesto en nuestro camino y nos ha llamado a caminar en un destino en Él. El cuerpo de Cristo en un mundo de dolor merece nuestra atención. Si la atención o conexión de las personas no es de Dios, entonces lo estamos engañando, nos engañamos nosotros mismos y engañamos a otros.

Además, cuando ministramos liberación quizás sea requerido romper ataduras entre un creyente y un objeto para obtener libertad de una entidad demoniaca. A veces durante la liberación, la gente necesita quitarse una joya que tiene algo oculto que no es de Dios o una configuración simbólica que permite la transferencia de espíritus y bloquea la liberación. Quizás estés orando por alguien que trae puesto un pentagrama, sugiero que le digas a la persona que se remueva esa pieza de joyería.

Siempre es importante el romper ataduras con relaciones sexuales del pasado que no fueron de Dios, ya sea que los recuerdes a todos o no y con el sexo fantasioso. Si tuviste relaciones o experiencias sexuales con alguien fuera de la definición bíblica del matrimonio esa atadura está fuera de la voluntad de Dios. Tales ataduras están fuera del pacto y por lo tanto no pueden ser bendecidas. Si te casaste con la persona después, rompe las ataduras que hubo anteriormente que son pecaminosas. Incluso en pactos que son de Dios hay partes de la relación que van más allá del control de Dios. Estas necesitan ser rotas para que la relación florezca conforme a la voluntad de Dios. Quizás hay un tipo de manipulación en el matrimonio. Esto necesita ser roto, la sabiduría de poder ser vencedores y la restauración bajo los límites de Dios. Haz un llamado a tu alma que ha sido rota y ordénale al alma de la otra persona o cualquier fragmento que tengas y dile que se valla. Por favor lee el Apéndice E donde dice como renunciar a pecados sexuales.

Con las ataduras que no son de Dios, quizás te sientas atado a alguien que ni te cae bien o te sientes conectado a la persona incorrecta para llenar sus necesidades o alguien que es destructivo/a. Nota cuantas personas aguantan el abuso, en estos casos, la voluntad de la persona es azotada, la fuerza interna para ser libre es disminuida en gran manera. Tales ataduras pueden bloquear la habilidad de alguien para que tengan una buena relación porque son dominados por otra persona. El tejido de nuestras almas con otra persona significa que cualquiera puede ejercer gran control. Individuos quizás se sientan atados a algo que no quieren o que no les gusta también.

La pornografía también trae ataduras del alma y ataduras demoniacas. Cuando estos lazos son rotos hay espacio para relaciones de pacto porque la pornografía introduce demonios a quien está viendo/participante y puede cambiar psicológicamente a una persona, como un encuentro sexual real, se quiere de arrepentimiento, renuncia y sanidad para ser libre. Así que, si tienes ataduras del alma con imagines pornográficas, estas necesitan ser quebradas y luego dile a los demonios que se vayan. ¿Cómo será la vida sin la pornografía para llenar el vacío? ¡LIBRE!

El control que no es de Dios es ejercido en muchas relaciones y puede ser forzado por espíritus malignos. Cuando rompemos ataduras del alma en liberación puede también ser valiosos echar fuera los espíritus de control de la otra persona. Cuando hay relaciones sexuales con otra persona, la atadura del alma que es creada tiene el potencial para ejercer gran influencia incluso si los patrones destructivos son reforzados internamente. Con todas las ataduras del alma hay una posible transferencia de espíritus. Cuando las emociones son abiertas, hay una vulnerabilidad por medio del pecado, los espíritus pueden ser transferidos. En relaciones sexuales que no son de Dios puede haber una transferencia no solo de enfermedades venéreas sino de demonios.

1 Corintios 6:15-20: "¿No sabéis que vuestros cuerpos son miembros de Cristo? ¿Quitaré, pues, los miembros de Cristo y los haré miembros de una ramera? De ningún modo. ¿O no sabéis que el que se une con una ramera, es un cuerpo con ella? Porque dice: Los dos serán una sola carne. Pero el que se une al Señor, un espíritu es con él. Huid de la inmoralidad sexual. Cualquier otro pecado que el hombre cometa, está fuera del cuerpo; mas el que comete

inmoralidad sexual contra su propio cuerpo peca. ¿O ignoráis que vuestro cuerpo es templo del Espíritu Santo, el cual está en vosotros, el cual tenéis de Dios, y que no sois vuestros? Porque habéis sido comprados por precio; glorificad, pues, a Dios en vuestro cuerpo y en vuestro espíritu, los cuales son de Dios."

La Biblia dice que nos convertimos en una sola carne en una relación sexual. Cuando esa relación termina, hay un rompimiento en tu alma. En los tiempos de antes se decía comúnmente, esta persona me rompió el corazón, o es difícil alejarme de esa persona. En tal relación que no es de Dios, nuestras almas son fragmentadas y rotas y es por eso que debemos romper ataduras que no son de Dios y pedirle que restaure nuestras almas. En este mundo confuso con tantas "uniones" accedidas por medio de aplicaciones para conocer gente, ver pornografía en internet, incluso robots, sexo casual, la sexualidad de los estilos de vida, el daño a nuestras almas es enorme, incluso si no significa nada para los participantes sino gratificación instantánea. Nuestros cuerpos deben ser el templo del Espíritu Santo, esa es parte de nuestra salvación, preservados para una unión santa y de pacto por medio del matrimonio. Dios está aquí para perdonar y restaurar, incluso rehacer relaciones a Su imagen y el también tiene la voluntad de limpiarnos y separar a la gente de actos que no son de Dios. Por ejemplo, toma en cuenta un esposo que tuvo muchos encuentros sexuales cuando estaba joven. Un poco de su alma está ligada a esta mujer (u hombre) un poco en otra/o y sucesivamente. No creo que la fidelidad sea fácil en el matrimonio. Tales ataduras necesitan ser quebradas en el nombre de Jesús y los espíritus inmundos que han entrado en la relación deben irse, es una limpieza que debe ser hecha capa por capa al limpiar la mente, corazón y emociones para después enfocarte en el cónyuge, dando energía emocional, física y espiritual donde Dios ha sancionado. Las relaciones sexuales proveen tremenda vulnerabilidad y transferencia de espíritus.

Salomón era un hombre con muchas ataduras. 1 Reyes 11: -1-11 nos muestra como las ataduras en su vida alejaron su corazón del Dios Vivo. 1 Reyes 11:1-3 dice: "Pero el rey Salomón amó, además de la hija de Faraón, a muchas mujeres extranjeras; a las de Moab, a las de Amón, á las de Idumea, a las de Sidón, y a las Hetheas; gentes de las cuales Jehová había dicho a los hijos de Israel: No os llegaréis a ellas, ni ellas se llegarán a vosotros; porque ciertamente harán inclinar vuestros corazones tras sus dioses. A éstas, pues, se juntó Salomón con amor. Y tuvo setecientas mujeres reinas y trescientas concubinas; y sus mujeres desviaron su corazón." Como lo describe la escritura, todas estas relaciones que no eran de Dios alejaron su corazón de El. Salomón era un hombre con mucha compulsión y ataduras, eso tenía más poder que su sabiduría. Dadas sus decisiones, es claro que el descartó la sabiduría que Dios le dio. Lo que el pidió en oración para servir a la carne. Recuerda a Sansón bajo el control de Dalila, le costó la vida. Ese espíritu manipulador en ella, su atracción hacia ella y sus ataduras contra ella fueron su fin incluso cuando él sabía que ella era peligrosa pero no podía controlarse. Estos son ejemplos para mostrarte que no hay nada nuevo debajo del sol.

Similarmente, en Josué 23:12-13, Josué describe sus ataduras que causaron que una nación pecara. "Porque si os apartareis, y os uniereis a lo que resta de estas naciones que han quedado con vosotros, y si concertareis con ellas matrimonios, mezclándoos con ellas, y ellas con vosotros, sabed que Jehová vuestro Dios no arrojará más a estas naciones delante de vosotros, sino que os serán por lazo, por tropiezo, por azote para vuestros costados y por espinas para vuestros ojos, hasta que perezcáis de esta buena tierra que Jehová vuestro Dios os ha dado." Habría problemas permanentes y un potencial para pérdidas por sus conexiones que no son de Dios con la gente del pueblo.

La clave para toda liberación son los derechos legales. Proverbios 26:2 dice: "Como el gorrión en su vagar, y como la golondrina en su vuelo, Así la maldición nunca vendrá sin causa." Mientras exista una atadura ya sea hacia un objeto, persona, o pecado, el enemigo tiene derechos legales. La atadura tiene que ser rota y uno debe arrepentirse. Cualquier objeto necesita ser descartado. El enemigo necesita derechos legales.

Adicionalmente, puede haber ataduras hacia lugares. Recuerda a la esposa de Lot. Génesis 19:23-26: "El sol salía sobre la tierra, cuando Lot llegó al pueblo. Entonces llovió Jehová sobre Sodoma y sobre Gomorra azufre y fuego de parte de Jehová desde los cielos; Y destruyó las ciudades, y toda aquella llanura, con todos los moradores de aquellas ciudades, y el fruto de la tierra. Entonces la mujer de Lot miró atrás, á espaldas de él, y se volvió estatua de sal" Ella perdió su futuro porque estaba atada al pasado. Era un lugar que deseaba más que lo que Dios había provisto para ella y su familia. Una persona puede tener una atadura a un bar o un antro, una calle o una casa. Quizás Dios te ha dicho que te salgas de un lugar, pero estás tan arraigado a ello y a la gente que conoces ahí que tienes un tiempo difícil yéndote. Busca al Señor en esto, pídele su gracia y vete,

Por otro lado, una buena atadura al un lugar es descrita en la relación entre el pueblo judío y la Tierra Prometida. La tierra de Canaán fue dada a los judíos por medio del pacto Abrahámico. Los judíos estaban atados a Dios por la tierra. Era Su tierra y El decidía quien habitaría ahí. Incluso cuando eran juzgados y pasaban tiempos difíciles lo cual los causó a ser llevados a Babilonia y esparcidos en la tierra, siempre regresaban a su tierra y continúan haciéndolo. La tierra era y siempre será su lugar donde están porque Dios lo dijo.

Recuerda, muchas ataduras de cualquier tipo pueden ser placenteras o te recuerdan de memorias placenteras, pero tenemos que evaluarlas conforme a nuestro crecimiento y la palabra de Dios.

Algunas relaciones son mixtas, por ejemplo. Podemos tener buenas ataduras a un familiar como un cónyuge o padre, pero puede haber partes de la relación que no son de Dios, quizás manipulación, control, dominio. En tal caso, arrepiéntete y perdona a otros de los elementos que no son de Dios y aprender a moverte libremente en la relación. Los padres tienen un potencial fuerte para la transferencia de espíritus, idolatría y control. Cualquier relación de incesto está fuera de la voluntad de Dios y tienen un gran potencial para causar daño ya sea incesto emocional o sexual. Incluso si un niño o un miembro familiar no tuvo decisión en el asunto y no pecó. La atadura debe ser rota y los corazones sanados.

Quizás el crecimiento de un niño fue atrofiado por el dominio de otra persona, un padre o hermano/a mayor. El niño no le es permitido pensar o sentir por ellos mismos por la personalidad de otros, sustitutos de su juicio, vida, pensamientos, deseos en lugar de los del niño que bloquean el crecimiento individual, iniciativa y dependencia de Dios. Tan dominio que no es de Dios se expande entre padres e hijos, esposos y esposas, incluso pastores y congregaciones, y eso es lo que consideramos patrones de relaciones "normales." Considera el mundo "sin límites" de hoy. El control aprisiona al individuo y lo deshabilita de poder desarrollar la dignidad y destrezas que tienen. El control llega hasta la mayoría de edad, deja huellas emocionales, y crea un impacto duradero incluso hasta la muerte de la persona dominante. Este no es el plan de Dios, El quiere que maduremos a la imagen de su Hijo y no de alguien más. Los padres necesitan facilitar la transferencia desde la niñez de ellos mismos a Dios el Padre, hay que destetar al niño no solo de la madre sino de las cosas terrenales desde el interés y absorción en asimismo/a para que el niño sea nutrido en Cristo y pueda crecer como un hijo de Dios. Esto es lo ideal, no se que tan a menudo sucede, pero es lo ideal. Lucas 2:52 dice: "Y Jesús crecía en sabiduría y en estatura, y en gracia para con Dios y los hombres." Hablaremos de esto después cuando hablemos acerca del crecimiento retrasado. Mientras el dominio y el control son quebrantados, la persona podrá llegar a su estatura complete.

Como Ana y su pequeño Samuel, los "pequeños Samueles" de este mundo le pertenecen verdaderamente a Dios. Cuando fue dado por sus padres a El (no necesariamente en el albergue o un templo físico, ciertamente bajo la sombra del Todopoderoso), en los eventos cotidianos de la vida con la influencia de Dios en sus vidas, estarán empoderados para crecer en sus destinos divinos. Esto no se trata del empoderamiento humano o los movimientos del potencial humano, esto se trata de conectar en el plan para cada vida decidido en los concilios de los cielos antes de la fundación del mundo. Esto es lo que Dios quiere.

Mientras un individuo es expuesto a tal influencia dominante que no es de Dios esa falsa influencia espiritual y atadura necesita ser quebrada. La personalidad, hábitos, alma y espíritus dominadores de la persona necesitan ser desechados de la persona. La Biblia nos muestra muchos ejemplos de como la gente unida en caminos de Dios y personas unidas por caminos que no son de Dios. Las cosas que no son de Dios deben ser quebradas. Ninguna alma debe estar conectada en tal manera con otra persona para que esta no pueda adorar a Dios en espíritu y verdad, con la verdad en lo interior. No tenemos que comprometer, avergonzar o perdernos el propósito y destino de Dios para nuestras vidas. Somos vencedores cuando cada parte de nosotros es limpiada por el Espíritu Santo. Dios tiene Sus barreras y diseño para nuestras personalidades.

Al ministrar libertad, necesitamos romper el poder y control de la personalidad dominante. Esto puede ser hecho en general. Ejemplo "Rompo todo poder de personalidad dominante" se puede hacer de forma general "Rompo todo el poder maligno, posesión y control de X sobre Y en el nombre de Jesús" pero también es muy importante ser específico. Dirigirse a ciertos eventos, tipos de actividades, lugares, conversaciones, áreas de vida (por ejemplo, ropa, amigos, comida, compañeros, tipos de abuso, opresión espiritual, respuestas emocionales), donde el control que no es bíblico fue afirmado, rompe el poder de "X" que controla "Y" en estas circunstancias y suelta la verdadera vida de Dios hacia el alma. Los planes humanos y diseños de una persona sobre otra sin importar cuan buena sea la intención puede hacer que vivamos una vida aprisionados. Cuando estos cascarones son rotos, el humano puede salir de la semilla formada en lo natural para plantar lo natural que fue la intención del Espíritu de Dios. También, los espíritus de manipulación y control, Jezabel, brujería y dominación del controlador trabajando con pasividad, odio y rechazo hacia uno mismo y otros espíritus de víctima necesitan ser comandados a irse. Patrones de pecado en el linaje familiar y maldiciones de tal dominio, control, pasividad y victimización que deben ser rotos y uno debe arrepentirse.

Entonces pídele al Espíritu Santo que traiga su trabajo creativo y sanador a tu alma para que el poder de otra persona no pueda estorbar tu personalidad de adulto. Así como las aguas del Mar Rojo cubrieron a los egipcios que perseguían a los niños de Israel quienes estuvieron en cautiverio por más de 400 años, el pasado puede ser cubierto y lavado. El amor cubre multitud de pecados. El amor de Dios puede anteponerse para que las ofensas sean limpias, ahogadas e irreconocibles. Cuando el "Mar Rojo" de la sangre roja de Jesús cobre a los acosadores de satánicos de los hijos de Dios, podemos decir "Conocí a alguien que vivía atado, pero ya no vive así." Terapia y consejería pueden realinear traumas y darnos una guía de cómo responder, incluso ayudarnos a procesar perdidas, traumas, decepciones en el tiempo, pero solo el Hijo nos puede hacer libres. El trabajo (funcionamiento) "Normal" en familias cristianas, Iglesias, grupos religiosos que tienen mecanismos de control y dominaciones que no son de Dios. Así que el ser criado en un hogar cristiano o asistir a la iglesia no evita el control. Estos son patrones arraigados profundamente en el corazón humano.

En general para romper ataduras del alma:

Arrepiéntete de cualquier dimensión impía, arrepiéntete del pecado asociado con esa relación. Perdona a quienes te han dominado o controlado. Rompe ataduras con la persona, objeto, olor, memoria o lugar. Rompe el poder del maligno, posesión, control y autoridad de la persona, lugar, objeto o experiencia que ha tenido en tu vida. Deshazte de los objetos parafernalia, tatuajes, incluso aplicaciones en tu teléfono o aparatos electrónicos que te mantienen atado. Hazlo todo en el nombre de Jesús.

Respecto a las ataduras del alma con una persona, ordénale a cualquier parte del alma de la persona que te deje en paz y a los demonios asociados. En el Apéndice D hay oraciones para romper ataduras del alma que no son de Dios. He hablado con miembros de pandillas que no creen que pueden ser libres, sienten temor, y he ministrado a miembros de pandillas que desean ser libres y aceptan la oferta de Dios de libertad y protección. La decisión siempre es nuestra. Dios es más grande que cualquier problema que podamos tener.

Voy a decirte una gran realidad. La libertad es difícil y tiene un costo. Dios desea que el creyente tenga libertad y que lo siga una vida de libertad. El Sistema del mundo no está diseñado para libertad. Las religiones, que no son el Cristianismo como declarado por la escritura, digo esto porque hay mucha distorsión de la palabra de Dios que está manteniendo a la gente en cautividad y no en la verdadera libertad. Los sistemas políticos no están orientados hacia la libertad. El mundo está diseñado para mantenernos inmaduros espiritualmente y bajo la influencia del príncipe del poder del aire. "Todo vale" no es gratis, es el camino a la esclavitud. Hay un costo para la libertad y el camino es angosto. Solo hay verdadera salvación en Cristo. Sus límites, Su santidad y Sus posibilidades ilimitadas. El justo vivirá por fe, mucha gente no lo quiere o no quieren pagar el precio. Jesús ya pagó el precio por nuestra libertad, sanidad y restauración, pero hay un precio que nosotros también debemos pagar. El precio que pagamos es someternos nosotros mismos y humillándonos al proceso de liberación y plenitud, así como Naamán. Seguimos siendo salvos por medio de la fe para santidad completa y plenitud en Cristo, es un regalo de Dios para que nadie se gloríe.

Quinto Nivel: Meditaciones Internas De Nuestros Corazones: Actitudes, Votos, Creencias Negativas De Nuestro Interior

El quinto nivel de sanidad y restauración. Esto trabaja con la sección de limpieza en lo siguiente.

En este nivel de renovación de la mente es requerido en una nueva dimensión. Cuando digo renovación de nuestras mentes no limito esto a nuestros pensamientos tal como "Que estoy pensando en este momento" o "Cuales son mis memorias de tal evento" esto no tiene que ver con la escritura. Estoy incluyendo patrones emocionales desarrollados con el paso de los años, el camino de las emociones, las memorias guardadas en nuestros cuerpos, mentes y corazones, meditaciones internas que están casi inconscientes. David clamo" Crea en mí, oh Dios, un corazón limpio, Y renueva un espíritu recto dentro de mí." Veamos también el Salmo 19:14 que dice: "Sean gratos los dichos de mi boca y la meditación de mi corazón delante de ti, Oh Jehová, roca mía, y redentor mío." Estos niveles de profundidad necesitan ser renovados por las viejas formas siendo desmanteladas y santificadas para que los nuevos caminos sean desarrollados paso a paso con la palabra de Dios y/o renovados por el poder creativo y sanador del Espíritu Santo. El pensamiento explicito de la vida es una porción pequeña de todo esto. La renovación de la mente no solo significa deshacerse de los patrones malos o las formas de pensar reemplazándolas con la verdad de Dios para nuestra vida sino también santificando lo que es bueno, todo por el poder del Espíritu Santo. Tú eres el templo del Espíritu Santo y todo lo que tienes, bueno y malo debe ser presentado al Señor.

Una de las escrituras claves en esto es Romanos 12:1-2 que dice: "Así que, hermanos, os ruego por las misericordias de Dios, que presentéis vuestros cuerpos en sacrificio vivo, santo, agradable a Dios, que es vuestro culto racional. No os conforméis a este siglo, sino transformaos por medio de la renovación de vuestro entendimiento, para que comprobéis cuál sea la buena voluntad de Dios, agradable y perfecta."

Un primer paso importante es el presentar nuestros cuerpos como sacrificio. Nos ponemos ahí en el altar de fe y obediencia. Dejando ahí tu vida. Permite que el Señor limpie tu corazón para hacerlo santo y agradable ante Dios. No seas como el mundo a tu alrededor sino transformado por la renovación de tu mente, para que nuestras vidas puedan probar por experiencia y ejemplo lo que es bueno, aceptable y perfecta voluntad de Dios. A menudo queremos cambiar el mundo a nuestro alrededor para un cambio externo de nuestras circunstancias, pero el Señor quiere cambiarnos para que podamos cambiar al mundo para Sus propósitos. Nuestras demandas para justicia interna pueden ser mejor si se encuentran con su perdón para después soltar y permitir que Dios nos cambie para que la persona cambiada pueda influenciar a otros.

Nos preguntamos, ¿quién es nuestro enemigo? Algunas personas dirán que el enemigo es esta persona o tal persona, algún grupo o partido político. Mientras hay un nivel de verdad en eso (a veces). Jesús nunca se enfocó en sus amigos de afuera, El hubiera podido pasar toda su vida quejándose de los romanos o los judíos. Su familia lo rechazó y no aceptaban lo que decía, El hubiera podido quejarse de ellos también. Si hubiera querido echar fuera a los enemigos políticos de Israel u oposición religiosa de El mismo, El hubiera venido a mandar y reinar en ese tiempo y lo habría hecho fácilmente, pero no lo hizo. El lo dijo e hizo lo opuesto. El siguió adelante hacia la cruz y resurrección para que los reinos de este mundo se convirtieran en reinos de Dios. La salvación del mundo fue procurada para quienes creen que El es Reyes de reyes y Señor de señores. El dijo la verdad, los judíos rechazaron al Mesías que les había sido enviado. Le dolía mucho y lloró por ello. Por lo tanto, su misión fue vencer el pecado, la muerte y todo el poder del enemigo para establecer otro reino en nuestros corazones y después en el mundo. El quería que el mundo fuera salvo, no solo gobernado. Eso tomaría tiempo junto con la colaboración de la nueva creación llamada iglesia.

Jesús dijo que el reino de los cielos está entre nosotros. Lucas 17:21. Si identificamos al enemigo incorrecto, estaremos peleando la batalla incorrecta. Dios nos da un poder para sobrellevar por dentro primero. Mientras le estemos echando la culpa a alguien más, estaremos enfocados en una batalla externa y nunca estaremos tratando con el problema desde el interior. Dios está en el negocio de la restauración, enfócate en el Señor. El sabe como regresarte lo que te han quitado. También, Dios sabe como pagarle, El dice la venganza es mía y yo pagare. El sabe como pagarle al inocente y al culpable. Si, la gente nos ha hecho mal, quizás nuestra familia u otras personas. Si, ha habido tragedias terribles, abusos e injusticias. Esto no es para decir que minimizamos las violaciones, pero la solución principal más grande es perdonar a otros. De otra manera, nuestras vidas estarán atadas e identificadas con tragedia en lugar de victoria y pasaremos el resto de nuestras vidas molestos, tristes y con dolor. No quiero eso, quiero libertad, libertad para ser todo lo que Dios me ha creado para ser, no la desfiguración y desagrado del enemigo. El Señor nos habilita para tener victoria en vez de dolor que hemos experimentado personal y generacionalmente para usarlo con un propósito, para liberar y sanar a otros. El mundo siempre estará lleno de ofensas. La vida es como una mina, pero tenemos la armadura de Dios para la batalla. Quizás no una guerra con bombas y misiles, tanques y submarinos sino el poder, amor, verdad, fe y la palabra por medio de la sangre de Jesús.

Romanos 12:1-2 en la Biblia de Apuntes da una elaboración hermosa de la Reina Valera. "Esto es lo que quiero que hagan, con Dios ayudándolos: Tomen su vida diaria, como dormir, comer e ir al trabajo y caminando alrededor de la vida y pónganlo como una ofrenda para Dios. Abrazando lo que Dios hizo es lo mejor que puedes hacer por el. (Experimentemos todo lo que Dios ofrece en su redención). 2. No se ajusten tanto a su cultura que encajan sin siquiera pensarlo. Mejor, fijen su atención en Dios. Serán cambiados de adentro hacia afuera. Reconoce lo que el desea de ti y responde a ello rápidamente. No como la cultura a tu alrededor que siempre te arrastra a su nivel de inmadurez. Dios trae lo mejor de ti, desarrolla madurez en ti." La cruz de Jesucristo no es para tolerancia, acomodación o normalización de quienes somos o los pecados que cometemos sino para revelación, liberación, transformación, santificación y elevación.

El ser cambiado de adentro hacia afuera es verdaderamente el único cambio que existe. Lo demás es como reorganizar los muebles de nuestras vidas. Esto no significa que no anhelamos para tener una mejor cultura o sociedad, pero automáticamente será mejor si brillamos para El y vivimos conforme a Su palabra. Jesús dijo, ustedes son la luz del mundo, así como El es la Luz del mundo. Así como Su reino no era de este mundo, el de nosotros tampoco. Responde a la voluntad de Dios. En el proceso que desarrollaremos y madurez. La cultura se encuentra en un estado de inmadurez porque está basada en la carne y en la mente y en confusión espiritual. Al menos que seamos sanados, liberados, limpios y restaurados estaremos con ellos incluso si hemos aceptado a Jesús como nuestro Salvador. Entonces podemos vivir lo bueno, agradable y perfecta voluntad de Dios no por el poder de nuestras fuerzas sino por la gracia de Dios y el fluir del Espíritu Santo dentro de nosotros. No estamos legalmente apretando los dientes, para ser buenos o demandando que alguien mas sea bueno, sino que hemos crecido en Cristo para ser como El y el fruto de bondad y amor contagioso deben seguir. EL quiere que crezcamos a la plenitud de Su vida. No estamos suprimiendo los viejos hábitos y naturaleza, sino que estamos poseyendo una nueva. Juan 8:36 dice "Si el Hijo os liberare, seréis verdaderamente libres."

Nota Efesios 2:1 "Y él os dio vida a vosotros, cuando estabais muertos en vuestros delitos y pecados. en los cuales anduvisteis en otro tiempo, siguiendo la corriente de este mundo, conforme al príncipe de la potestad del aire, el espíritu que ahora opera en los hijos de desobediencia, entre los cuales también todos nosotros vivimos en otro tiempo en los deseos de nuestra carne, haciendo la voluntad de la carne y de los pensamientos, y éramos por naturaleza hijos de ira, lo mismo que los demás." Antes intentábamos satisfacer los deseos de la carne y de la mente. Nuestra vida social y emocional donde el ambiente y lujuria de la carne, estábamos bajo el poder del espíritu que trabaja en los hijos de la desobediencia, ya no.

Filipenses 2:5: "Haya, pues, en vosotros este sentir que hubo también en Cristo Jesús." Que fue eso? El resto de esa escritura describe la mente en Cristo Jesús" el cual, siendo en forma de Dios, no estimó el ser igual a Dios como cosa a que aferrarse, sino que se despojó a sí mismo, tomando forma de siervo, hecho semejante a los hombres; y estando en la condición de hombre, se humilló a sí mismo, haciéndose obediente hasta la muerte, y muerte de cruz." El tomó forma de siervo, se humilló Asimismo y se hizo obediente hasta la muerte. Nadie puede hacer eso sin la mente de Cristo y Cristo cambiando nuestra mente.

1era Corintios 2:16: "Porque ¿quién conoció la mente del Señor? ¿Quién le instruirá? Mas nosotros tenemos la mente de Cristo." Cuando íbamos en dirección opuesta en los caminos de amor. Colosenses 1:21 "Y a vosotros también, que erais en otro tiempo extraños y enemigos en vuestra mente, haciendo malas obras, ahora os ha reconciliado. en su cuerpo de carne, por medio de la muerte, para presentaros santos y sin mancha e irreprensibles delante de él; si en verdad permanecéis fundados y firmes en la fe, y sin moveros de la esperanza del evangelio que habéis oído, el cual se predica en toda la creación que está debajo del cielo; del cual yo Pablo fui hecho ministro. Ahora me gozo en lo que padezco por vosotros, y cumplo en mi carne lo que falta de las aflicciones de Cristo por su cuerpo, que es la iglesia;"

Efesios 4:20-24: "Mas vosotros no habéis aprendido así a Cristo, si en verdad le habéis oído, y habéis sido por él enseñados, conforme a la verdad que está en Jesús. En cuanto a la pasada manera de vivir, despojaos del viejo hombre, que está viciado conforme a los deseos engañosos, y renovaos en el espíritu de vuestra mente, y vestíos del nuevo hombre, creado según Dios en la justicia y santidad de la verdad." Despójate del viejo hombre, se renueva en el espíritu de tu mente y vístete del nuevo hombre. Algo es formado dentro de nosotros, el nuevo hombre, creado en justicia y verdadera santidad.

Finalmente, Marcos 12:28-31: "Acercándose uno de los escribas, que los había oído disputar, y sabía que les había respondido bien, le preguntó: ¿Cuál es el primer mandamiento de todos? Jesús le respondió: El primer mandamiento de todos es: Oye, Israel; el Señor nuestro Dios, el Señor uno es. Y amarás al Señor tu Dios con todo tu corazón, y con toda tu alma, y con toda tu mente y con todas tus fuerzas. Este es el primer mandamiento. Y el segundo es semejante: Amarás a tu prójimo como a ti mismo. No hay otro mandamiento mayor que éstos." Concluyo diciendo que no podemos amar al Señor con toda nuestra mente, corazón, alma y fuerzas hasta que El sea el Señor de todo. Esto requiere que paso a paso humillemos nuestros intentos, motivos, emociones, pensamientos, dolor, daños, lujuria y deseos a El en nuestro diario vivir, desplegándose poco a poco del pasado, capa por capa. No podemos amar a nuestro prójimo sin amarnos nosotros mismos y no podemos amarnos a nosotros mismos hasta que este amor haya nacido de la verdad por medio del Espíritu y la Palabra de Dios. No podemos amarnos sin determinar los límites de obediencia y la experiencia del amor sin límites de Dios lo cual es el trabajo de la cruz y la resurrección en nosotros. Amando a nuestro prójimo es operar en obediencia a la escritura y al Espíritu de Dios en relación a otros.

Por lo tanto, ¿Cuáles son algunos pasos para renovar nuestras mentes? Las páginas anteriores hablan de algunos patrones de renovación. También sugiero los siguientes.

1. Identificar pasos de vergüenza, luto, abandono, negligencia, trauma y más para deshacer el trabajo del diablo paso a paso a través del poder del Espíritu Santo, sabiendo e integrando en nuestro interior lo que la palabra de Dios dice acerca de nuestras vidas. ¿Qué experimentamos y cómo distorsionó nuestra imagen de nosotros mismos, Dios y otros? ¿Cuáles son las dinámicas de nuestro origen familiar? ¿Hubo control, adicción, abuso cuestiones por ejemplo? ¿Cuales fueron los patrones de fracaso de tus padres o decepción? ¿Cuáles fueron experiencias que alteraron tu vida o la familia que tenías? Debemos identificar las actitudes en nuestros corazones, nuestro entendimiento, nuestras creencias acerca de la gente y nosotros mismos para que podamos reemplazar lo doloroso con lo alegre. No podemos negar lo que ha sucedido, debemos enfrentar la verdad. La Verdad es liberadora con el poder del Espíritu Santo, bajo la dirección del Espíritu Santo y el amor del Padre e Hijo. Pero recuerda la "verdad" de Dios sin negar la verdad de nuestra historia y experiencia. Esta experiencia que transciende, nos eleva, anula y santifica lo que hemos experimentado. Mucho de esto se encuentra con los otros niveles de liberación y sanidad que he subrayado.

Somos perfectamente formados en El desde la creación por medio de la salvación para llevar la imagen de Cristo. Creo que descubrimos esto mientras procesamos las razones y resultados de nuestra separación de El, nosotros y otros. Cuando Dios creó al hombre, mujer y a toda la creación, El dijo que era "muy bueno". El diseño de Dios para el cuerpo humano y espíritu era una "muy buena" creación. Después de la caída, satanás, el pecado y la muerte "deformaron", "desinformaron" y "deformaron" todo esto. En un sentido, cuando somos internamente restaurados para regresar a lo bueno de la creación original de Dios. Es nuestro patrón de vida e identidad y después regresamos a Cristo porque somos como El y en el mundo que fue creado a su imagen. Entendemos quienes somos y para lo que hemos sido diseñados y esto inicialmente fue bueno. Pero este proceso es real por el Espíritu de Dios y perfección en Cristo. Somos hechos perfectos en Cristo. Nos estamos haciendo como Cristo y lo que llevamos en nuestros cuerpos mortales. Fuimos creados a la imagen de Dios y destruidos por el pecado y después fuimos creados de nuevo en la imagen de Jesucristo por medio de la cruz y resurrección.

2. Otro paso importante es el de guardar luto en nuestras perdidas. Isaías 53:4 dice: "Ciertamente llevó él nuestras enfermedades, y sufrió nuestros dolores; y nosotros le tuvimos por azotado, por herido de Dios y abatido." En vez de poner barreras contra los sentimientos de perdida y aflicción o de estar en negación, debemos identificar cuales son estas perdidas, como se originaron, la parte que otras personas llevaron en nuestro luto y dolor y nuestra parte por el poder e iluminación del Espíritu Santo trabajando en su tiempo y estrategia para identificar las barreras y mecanismos de defensas que hemos establecido para protegerse nuestro corazón. Debemos arrepentirnos, someternos a los caminos del Señor, romper todas las defensas, rechazar el rechazo y hacer todo el trabajo espiritual que se necesita para estar de luto y sentir. Muchas de nuestras enfermedades y estrés emocional están basadas en la represión del luto en vez de en la expresión de ello. Esto también se familiariza con el dolor y la experiencia del Espíritu Santo esta vez. Permite que entre a los traumas del pasado que han estado congelados. En el proceso, arrepiéntete y perdona, se libre y sano. El ha cargado y enterrado nuestras dolencias entonces no necesitamos enterrarlas en nuestros corazones porque El las cargó en la cruz, muerte y resurrección. Este no es un proceso inmediato. El tiempo de Dios es basado en sus planes soberanos en nuestras vidas y el tiempo de cuando podemos recibir sanidad. Sin embargo, el Espíritu Santo puede hacer más en un segundo de lo que otros métodos pueden hacer en una vida.

El dolor es un ladrón, el ladrón viene a matar, robar y destruir. Cuando una mayor parte de nuestras vidas es robada por el dolor, no nos movemos en las oportunidades que Dios nos presenta porque el dolor nos ciega la vida, porque el dolor hace que nos duela y causa odio. Se tiene que atender el dolor y eso quita mucha energía, pero cuando la enfermedad interna se va, el dolor también. Muchas veces nos enfermamos más al intentar resolver problemas de nuestra propia forma. Usualmente esto es por el camino de menos resistencia para tratar con los problemas en vez de ir a la raíz. Buscamos una relación, droga, distracción, cualquier cosa en vez de ir al Señor. Finalmente, el Señor misericordioso trae paz a nuestros corazones., la paz por la sangre de la cruz y paz por medio de su presencia. Muchas personas han experimentado tremendas perdidas y tragedias. La Biblia dice que hay tiempo para estar de luto. Eso es importante, la Biblia también dice El llevó nuestros dolores y en cierta manera, con la ayuda de Dios, nos da la fuerza y poder para seguir adelante.

3. Identificando los mecanismos de defensas y permitiéndole al Señor que los desmantele. Tales mecanismos pueden ser la negación (rehusarse a creer la verdad o pretender que no es doloroso, condenador o destructivo) mal comportamiento (actuar suprimiendo o negando emociones en acciones de ira o inapropiadas) racionalización (decir que no fue tan malo o entender que fue así) o indiferencia (el suprimirse cuando llega el conflicto o algo desagradable), transferencia o proyección de nuestros problemas a alguien más (el problema es la otra persona, no yo), auto rechazo, descalificación del ser de relaciones para evitar dolor y enojo. Puede que haya formas para protegernos. La ayuda de un buen terapeuta o un ministro ungido puede ayudar a identificar lo que estamos haciendo para evitar, dolor, conflicto o ansiedad y de ahí se puede facilitar el rompimiento de las reacciones defensivas para que podamos reaccionar a la vida de una manera autentica. Estas transacciones espirituales y emocionales toman tiempo. Nuestras defensas están escondidas incluso con nosotros mismos. Incluso si no vas a un terapeuta el Espíritu Santo te puede mostrar "¿Sabes? Cada vez que hablo con mi hermana/hermano/primo/padre/cónyuge me pongo a la defensiva o me cierro y me convierto en otra persona" Arrepiéntete, pídele a Dios que te ayude a llegar a la raíz. El Señor le dijo Abraham que El estaba bajo un gran escudo y recompense. Génesis 15:1 "Después de estas cosas vino la palabra de Jehová a Abram en visión, diciendo: No temas, Abram; yo soy tu escudo, y tu galardón será sobremanera grande." Abraham no tenía que defenderse solo, el Señor lo hizo. Desafortunadamente, mientras crecemos, pasamos mucho tiempo defendiéndonos lo cual toma una vida en si mismo, quizás llevándonos a un ser falso. Todo esto llega hasta la sanidad y la confianza en el Señor. Una larga jornada.

4. Identificando a seres falsos. Esta es una forma de hacerse pasar por alguien más nuestras propias vidas. Cuando esto desmantelado, podemos permitir que la nueva persona entre en fe con Cristo. También se revierte a los mecanismos de defensa, adaptaciones de nuestra niñez, respuestas al trauma, presión de los amigos y muchas otras formas. En algunas maneras, este es el estado de la raza humana. No somos nosotros verdaderamente al menos que seamos nacidos de nuevo y crezcamos a Su imagen. No importa que tan auténtica sea una persona, fuimos creados para ser esa persona auténtica con una dimensión divina en Cristo. Es cierto que algunas personas son más saludables mental y emocionalmente, pero nuestra verdadera naturaleza (cuerpo, alma y espíritu) es expresada en y a través de Cristo. El vive en nosotros y nosotros en El.

5. ¿Regresando al problema de quién es la verdadera persona? ¿Podía esa persona vivir en la casa en la cual creciste? ¿Pusieron a esa persona en una esquina suprimida y marginalizada? ¿Cometió esa persona un suicidio emocional o cortó sus sentimientos al dormirlos con drogas y alcohol por ejemplo? ¿Nos sentimos cómodos al permitir que esa persona exista sin las capas protectoras? Con el Señor podemos ser nacidos de nuevo y saber quienes somos verdaderamente por medio de Su amor y sanidad. El Salmo 139 dice que El formó cada parte de nosotros y somos hechos temerosos y maravillosamente., tenemos un destino y diseño divino desde antes de la fundación del mundo. El reto ante nosotros es el recibir la sanidad, libertad y restauración que Dios ofrece para llegar a ese destino.

6. Creencias centrales ¿Acaso nuestras creencias centrales son negativas al pensar que nada funciona sin importar que tan duro trabajemos, el no poder salir adelante o el pensar que todos nos dejan atrás o que estamos dañados, o que somos malos, sentimos vergüenza, culpa, feo, la vida es dolorosa y no nos permite acercarnos a la gente, etc.? Las creencias centrales son difíciles de romper y solo pueden ser cambiadas al procesar lo malo y admitiendo lo bueno que Dios creó y destinó para nuestras vidas. Nuestra vieja naturaleza está acostumbrada e incluso cómoda con lo negativo. Es el trabajo del Espíritu Santo el de anular, procesar y borrar estas creencias con la nueva naturaleza la cual debemos seguir diariamente poniendo al hombre nuevo. La habilidad interna de nuestros corazones para tener fe en nuestras vidas y nosotros mismos no es un proceso que ocurre de la noche a la mañana. Requiere cernir, morir a uno mismo, actuar en fe, obediencia, exponernos a la palabra, sanidad, revelación de quienes somos verdaderamente entre otras experiencias. Nuestras almas y espíritus toman vida experimentando a Cristo en nosotros todos los días. Nadie tiene gran fe acerca de su vida, el mundo, u otros. Todos tenemos una medida de fe, aun aplicando esto en las experiencias diarias de la vida y en nuestras creencias centrales negativas es un proceso de aprendizaje. Comienza con fe que es del tamaño de un grano de mostaza. Recuerda que tenemos al Espíritu Santo como Ayudador. El nos levantará incluso cuando no tenemos fuerzas.

7. Cuando estamos quebrantados y perdidos no solamente nos maldecimos nosotros mismos, sino que hacemos votos que paran el fluir del amor y provisión de Dios en nuestra vida. Por ejemplo, un niño o un adulto hacen un voto que nunca van a confiar en nadie otra vez después de haber sido lastimados por un ser querido. Quizás este voto se hizo en un nivel subconsciente. Un hombre puede hacer un voto para contraatacar después de estar agobiado por un oponente. Una mujer hace un voto para que todos los hombres paguen por todo lo que le han hecho y decide no confiar en nadie. Podemos hacer votos de silencio. A veces los padres fuerzan a sus hijos a hacer promesas que no son de Dios, votos de obligación, votos de dedicación, votos conforme al rumbo de la vida de alguien y están fuera de la voluntad de Dios necesitan ser quebrados en el nombre de Jesús. Esto libera para que las verdaderas actividades de Dios puedan ocurrir. El apoyo demoniaco de estos votos necesita ser quebrado. Votos bajo falsas religiones, dedicación a sus deidades, dedicaciones a entidades demoniacas, a organizaciones y más necesitan ser rotas. Las heridas o traumas detrás de los votos requieren la sanidad del Espíritu Santo. Entonces los escombros serán limpiados para que el individuo pueda andar en un camino recto y las defensas construidas y la armadura de Dios. El escudo de la fe, la coraza de justicia, el yelmo de la salvación, la espada del Espíritu, el calzado del evangelio con el apresto de la paz, es más que suficiente para proteger nuestras vidas.

Sexto Nivel: Curación Del Corazon. Privación, Perdida, Necesidades Legitimas Que No Son Satisfechas.

Debería llamarle a esto "Adelantar" Dios nos sana y nos hace crecer.

1. Jesús vino a sanar a los quebrantados de corazón y El hace eso. Lucas 4:18 dice: "El Espíritu del Señor está sobre mí, Por cuanto me ha ungido para dar buenas nuevas a los pobres; Me ha enviado a sanar a los quebrantados de corazón; A pregonar libertad a los cautivos, Y vista a los ciegos; A poner en libertad a los oprimidos;" Como una misión urgente del cielo, el Espíritu del Señor estaba sobre Jesús para sanar a los quebrantados de corazón. Esta era una misión vital del Padre porque los corazones quebrantados significan vidas quebrantadas. Dios estaba cansado que los que ama no puedan Amarle, amarse a si mismos y amar a otros. El sufrió con su luto sabiendo que este los hacía débiles y que el quebrantamiento hacía que fuera imposible para que ellos funcionaran de una manera apropiada. El quería ser amado por su creación y quería que su creación existiera en una atmósfera de amor así que necesitaba sanarnos primero. Solo el Señor Jesús, solo el Espíritu Santo, solo el Padre pueden sanar corazones rotos. Si los corazones no son sanados se endurecen, se distraen y dejan los caminos de la vida. Así que el Padre envió a su Hijo Jesús en una misión vital con el poder del Espíritu Santo para entrar a cualquier corazón que le permitiera entrar. El Padre dijo, ya que estás ahí, declara Mi sanidad. Sigue todos los caminos de dolor y confusión por todos los pasillos de esos corazones y confía en Mi poder creativo para pegar las piezas de nuevo, restaura lo que no sirve y complétalo. Sánalos antes que entiendan lo que les está sucediendo porque sin son sanados y perdonados me amarán automáticamente y me servirán.

Jesús dijo "El Espíritu del Señor está sobre Mí" No solo cualquier "Yo" y no cualquier espíritu. El era un vaso dispuesto para llevar el mensaje de amor y vivirlo para llevar a casa y el corazón tuyo y mío. Alguien tenía que entregar el paquete. La persona tenía que estar dispuesta a amar y ser lastimada. A veces el ministerio es así, Jesús tuvo que vivir el amor y darlo. Dios es amor, El tenía que saber como entregar el paquete de amor al domicilio correcto, en el tiempo correcto y de forma correcta. La sabiduría del Padre lo determinaba, el amor del Padre lo hizo y el poder del Espíritu Santo lo habilitó. El Espíritu Santo es el Único quien destruye el yugo.

A todos los que están leyendo esto, Jesús tenía la llave correcta para el día, mes y año que tu vida se vino abajo. La llave correcta para ese día que te lastimó tu cónyuge, padre, amigo, la llave para ese niño atrapado en inseguridad esperando la aprobación de un padre que está ausente o una madre que no se interesa, la llave a la negligencia o abuso que experimentaste, la llave para el día que tomaste el camino incorrecto y cualquier otra cosa que hayas experimentado. El tiene la llave para nuestra inmadurez, la llave para que avancemos. Para algunas personas tiene las llaves para darles su propia identidad. El tiene la llave para soltar los dones y talentos que han estado cerrados por décadas, y todos ustedes lo tienen. El tiene la llave para abrir tu futuro y destino y herencia divina. ¿Permitirás que Jesús entre a las recamaras de tu corazón? y tomar esas llaves que El te ha mostrado y liberar a otros? Tenemos las llaves del reino y Él tiene la llave de David para abrir puertas que ningún hombre puede cerrar y cerrar puertas que ningún hombre puede abrir. Creo que, con una combinación de estas llaves, la palabra de Dios, la sangre de Jesús y el poder del Espíritu Santo, se pueden lograr muchas cosas en alma humana y el destino personal. El mismo poder sanador que sana a los cojos de la cojera, limpia a los leprosos de la lepra, cura a los ciegos de la ceguera, viene a nuestros corazones, entra en nuestros corazones y ata nuestras heridas para curar a las personas tristes de la tristeza.

Cuando ministro sanidad interior a la gente, oro para que el poder sanador de Dios llegue a las heridas y restaure el alma. Liberación y sanidad deben ser ministradas al mismo tiempo. Puedes ser libre, ¿pero que sucede con las heridas que sangran? Si la herida sigue ahí, la posibilidad de infección aun existe. La sangre de Abel quien fue traicionado y asesinado por su hermano llora representando la injusticia y traición que todos experimentamos especialmente por las personas más cercanas a nosotros. La sangre de Jesús tiene una frecuencia mucho más grande y su sangre nos lleva a un nivel más alto de experiencia, un nivel de Dios. Hebreos 12:24 dice "a Jesús el Mediador del nuevo pacto, y a la sangre rociada que habla mejor que la de Abel" Dios perdona al ofensor y sana al herido. Nuestros corazones cargan muchas injusticias desde la niñez y más. La cruz trae balance y trae sanidad a esas heridas. La cruz es para el herido y para el abusador, la victima y victimario, el bueno y el malo, lo incorrecto y lo incorrecto.

Todos conocemos la historia del buen Samaritano. Lucas 10:30-35 30" Respondiendo Jesús, dijo: Un hombre descendía de Jerusalén a Jericó, y cayó en manos de ladrones, los cuales le despojaron; e hiriéndole, se fueron, dejándole medio muerto. Aconteció que descendió un sacerdote por aquel camino, y viéndole, pasó de largo. Asimismo un levita, llegando cerca de aquel lugar, y viéndole, pasó de largo. Pero un samaritano, que iba de camino, vino cerca de él, y cuando lo vio, tuvo compasión de el, y acercándose, vendó sus heridas, echándoles aceite y vino; y poniéndole en su cabalgadura, lo llevó al mesón, y cuidó de él. Otro día al partir, sacó dos denarios, y los dio al mesonero, y le dijo: Cuídamelo; y todo lo que gastes de más, yo te lo pagaré cuando regrese."

Observemos al primer hombre al lado del camino. Comenzó una jornada de Jerusalén a Jericó, después lo golpearon. Estaba allí, lastimado y sangrando en el piso, no se podía mover ni ayudarse asimismo. La vida es así, comenzamos una jornada, y en algún punto los ladrones (y el ladrón maestro satanás) nos domina, nos quebranta, sangramos lo cual no nos permite levantarnos y continuar nuestra jornada. A veces esta violación viene de afuera sin nuestro consentimiento y a veces viene por causa de nuestras malas decisiones como se ha descrito en formas múltiples en este libro. Quizás ignorantemente comenzamos una jornada solos, y debíamos haber buscado ayuda. El ladrón nos golpea, nos quita la dignidad y nos deja muertos en el camino. Los religiosos evitaron al hombre. La religión nunca sanó a nadie. La religión no tiene el poder para salvar. Quizás tome forma de deidad, incluso para hacer lo bueno, pero no tienen la unción, ni la plenitud, ni salvación. Jesús hizo lo bueno y sanó a quienes estaban oprimidos por el diablo.

Enfoquémonos en el hombre que vino a ayudar. Afortunadamente, el Señor nos recoge por medio de sus siervos. El Samaritano era un marginado social rechazado por los judíos (como Jesús) pero él ministra con aceite y vino al hombre golpeado. El vino representa la limpieza de la sangre de Jesús, la cual tiene el poder para perdonar pecados, romper ataduras, liberarnos de demonios y más. El aceite representa al Espíritu Santo lo cual trae sanidad y una vida nueva. Esto es como las heridas son sanadas, son limpias por medio del arrepentimiento y perdón. El quitar la infección demonios y otras áreas que necesitan liberación, todo lo que la sangre puede hacer, y después entra el poder de Dios y trae sanidad como el aceite fresco. Después, la herida es tratada. El hombre necesita un periodo de descanso y restauración. No podemos seguir trabajando igual cuando estamos en el proceso de sanidad. El tiene que ser llevado a ese lugar de descanso tambien. La violación no solo es lavada, sino que la herida es limpiada y se le da tiempo para que su cuerpo sea restaurado. El hombre aun recordará que lo golpearon, pero no tendrá la herida. Una pesadilla es cambiada para ser una experiencia del amor de Dios de la cual se habla por generaciones.

Nadie puede correr una carrera con una pierna rota en lo natural. Jesús sabía que las personas con corazones rotos no podían correr la carrera de la vida y la fe. Cuando oramos por liberación, necesitamos orar también por sanidad. Ese fue el sermón de apertura de Jesús en una sinagoga, en otras palabras, un lugar de adoración bajo el antiguo pacto. De tal manera, hay muchas personas lastimadas en la iglesia. Aceptar a Jesús como nuestro Salvador no resuelve todos los dolores y conflictos en nuestra vida, sino que nos da un nuevo comienzo en Cristo. Dios quiere que pongamos nuestros pies en la carrera de la fe ahora. Nuestra confianza en Cristo Jesús es el primer paso para el crecimiento.

2. Segundo, hay otra dimensión de restauración. Nota, esto es "restauración," no sanidad. Esa es el área donde las necesidades legitimas de desarrollo no son cumplidas. Estas no son áreas de

daño, pecado u opresión demoniaca. Son solo brechas en el crecimiento que los padres, niñeros u otros no han activado o habilitado
quizás por ignorancia, desinterés, abandono, falta de cuidado, falta
de entendimiento, estar ocupados con la vida, trabajo, enfermedad
personal, ausencias o cualquier otro motivo. Esto no significa que
no amaban al hijo, quizás no tenían ni la menor idea de la voluntad
de Dios para su hijo/a, las cosas simplemente cayeron por la grieta,
la falta de entendimiento o el resultado de la naturaleza pecaminosa
en nosotros. Los padres/niñeros tienen que convocar a sus hijos para
ayudarlos a formar una identidad conforme a la escritura. Puede
hacer mucho daño en estos lapsos que resultan en pecado, demonios,
quebrantamiento, pero el daño y resultado no es lo mismo que los
lapsos. Los padres naturales deben ayudar al hijo a madurar y crecer.
Cada padre tiene una parte debido a la multiplicación de razones no
sucede a menudo. Eso no significa que sean malas personas. Incluso
en los mejores hogares, hogares Cristianos, se quedan cortos hasta
cierto punto, pero al final, estas áreas de crecimiento solo pueden
ser activadas por el Padre teniendo intimidad con El, todos somos
nacidos en un mundo caído. Finalmente, nadie en lo natural puede
llegar a la estatura de Cristo.

Parte de esto es identificar las necesidades que no han sido satisfechas en nuestras vidas. La falta de crianza, negligencia, falta de
cercanía y por que estas necesidades no han sido cumplidas. Entonces
llegamos al Señor con el dolor y vacío pidiéndole que llene los espacios. Que podamos arrepentirnos también por tener nuestras vidas
atrofiadas, quizás nuestra propia terquedad, determinación, defensiva y orgullo. El resultado subsecuente es que Dios puede restaurar el crecimiento que no ocurrió en el tiempo apropiado porque el
puede restaurar los años que la langosta y las lombrices se comieron.
Joel 2:25. Creo que Dios puede "prendernos" como identificamos
nuestras perdidas y falta de crecimiento por medio del poder del
Espíritu Santo excepto que esta vez el crecimiento será bajo el poder
del Padre, el poder del Espíritu Santo a través de Cristo Jesús para
ser santificado en una nueva dimensión. De nuevo, el Señor restaura
los años que la langosta y las lombrices se han comido, no solo en
bienes materiales como una casa o un carro o lo que hubieras tenido

y te fue robado sino la persona que debiste haber sido bajo el diseño, identidad y propósito de Dios y su imagen. El es la resurrección y la Vida. La oración en esta área es para habilitar el crecimiento. Del de un ano, dos anos, cinco anos, y diez anos. Oramos también para que sea revelada la verdadera identidad. La verdadera persona. Que tenga vida El niño o niña verdadero/a, que tenga vida. Jesús le dijo a una niña que volviera a la vida "Levántate niña" en Marcos 5:41. Hoy Jesús le dice al niño o niña en nosotros que vuelva a la vida, en el ámbito emocional también. Algunas personas con dificultad han podido conocer a este niño o niña. ¿Cómo oramos por esto? Ora por un niño de la edad 1 o 2,3,4,5 o 6 o cualquier edad para que madure y se desarrolle como Dios lo planeó. Haz un llamado para que ese niño pueda romper los muros de limitación, dolor o quebrantamiento o cualquier cosa que te muestre el Espíritu Santo. Ora para que el crecimiento de la verdadera persona sea "encendido." Ora para que esa persona "ahora" pueda abrazar a esa persona "entonces" experimenten quienes son.

En una dimensión más grande, Cristo nos está trayendo madurez en el amor y este es un proceso largo de vida. Efesios 4:11-14 dice "Y él mismo constituyó a unos, apóstoles; a otros, profetas; a otros, evangelistas; a otros, pastores y maestros, a fin de perfeccionar a los santos para la obra del ministerio, para la edificación del cuerpo de Cristo, hasta que todos lleguemos a la unidad de la fe y del conocimiento del Hijo de Dios, a un varón perfecto, a la medida de la estatura de la plenitud de Cristo; para que ya no seamos niños fluctuantes, llevados por doquiera de todo viento de doctrina, por estratagema de hombres que para engañar emplean con astucia las artimañas del error. sino que, siguiendo la verdad en amor, crezcamos en todo en aquel que es la cabeza, esto es, Cristo." Siempre estaremos creciendo para una vida divina, una vida sobrenatural que va mucho más allá de las definiciones y límites de nuestras vidas naturales. Dios nos estira y nos ayuda a crecer en madurez en Cristo. Nuestras vidas son más grandes que nuestras vidas. La madurez en el amor de Cristo operando en nosotros será un reto para cada uno de nosotros todos los días de nuestras vidas. Rompiendo la pequeña casa de nuestras vidas para morar en la casa grande del plan y propósito de

Dios. Una vida centrada en Dios en vez de una centrada en nosotros mismos. Jesús ha preparado un lugar para nosotros en la Casa de Su padre. Creo que eso no es nuestro ultimo destino sino aquí también. Solo Jesús nos ama al extremo, es por eso que nos puede salvar al extremo, pero en alguna dimensión todos somos llamados al amor divino para llevar a cabo algo en el ministerio de Cristo en esta tierra en la grandeza de Jesucristo.

3. El apego necesita ser a través de nuestra relación con Dios, relaciones de dios y sanidad. La Biblia nos dice que, si nuestro padre o madre nos abandona, el Señor está aquí. Salmo 27:10. Nuestro apego a padres amorosos, por ejemplo, nos ayudan a mejorar y madurar. El amor mutuo, incluyendo el cariño y dirección de nuestros padres y la dependencia inocente del hijo forma un lazo que ayuda al niño a convertirse en quien Dios los creo para ser y produce alegría entre las partes. Si el trauma de la atadura pérdida o depravación es profunda debe ser reparada capa por capa. Estas perdidas de apego pueden ser satisfechas por el Señor mientras humillamos nuestros corazones a El y pueden ser restauradas por medio de relaciones de Dios y oración. El crecimiento de la persona interna se habilita y las necesidades son satisfechas incluso cuando uno ya no es un niño lo cual habilita el desarrollo de una identidad que quizás nunca fue formada pero ahora es formada en Cristo. Este es crecimiento sobrenatural.

Muchos creyentes crecen con necesidades legitimas que no son cumplidas. Si no son cumplidas, no podemos crecer y convertirnos en quien Dios quiere que seamos. No hay nada de que avergonzarse si has experimentado rechazo, abuso o abandono, todos necesitamos ese tipo de lazo con nuestros padres, especialmente con el padre del mismo sexo o un buen suplente. Alguien necesita ayudarnos a llegar a ser adultos. La ausencia de tales conexiones emocionales y la ausencia de contribuciones formativas de los padres causa un vacío enorme en el corazón de la persona. Hay muchos huérfanos espirituales. La gente ha escrito mucho acerca de las necesidades, trauma, identidad, género, daños causados por padre o madre, cuando hay ausencia de amor entre padre e hijo (Mire el Apéndice G y H para entendimiento y sanidad de heridas de padres o madres) Una vez más, el poder del Espíritu Santo puede "adelantar" nuestros corazones rotos para que podamos conectarnos con nosotros mismos y con otros de una forma madura y con gozo, mientras perdonamos y sometemos nuestro quebrantamiento al Señor. Esta sociedad quebrantada en este mundo quebrantado lo cual nos tiene buscando conexión donde podamos encontrarlo. A veces lo encontramos en una serie de lazos de pecado, como la mujer en el pozo en Juan capitulo 4; pero por la gracia, encontramos a Dios, así como la mujer en el pozo en Juan capitulo

4. La iglesia debe ser un lugar donde los hermanos, hermanas, padres y madres espirituales puedan ayudar a reparar los daños. Pertenecer ha sido integrado en nosotros. El Señor nos pone en el cuerpo de Cristo y relaciones piadosas. Necesitas a otros y otros te necesitan. A menudo nos arreglamos fuera de los límites de Dios, cuando esas necesidades legítimas y dolores no son mencionados. Dios conoce nuestras perdidas y también conoce nuestras ganancias y como podemos ser restaurados en las áreas de depravación y los años perdidos. De nuevo, el restaurará los años que la langosta y las lombrices se han comido ya sean nuestra culpas o no. La novedad de Cristo puede florecer en nosotros, mientras las brechas son restauradas y las conexiones que necesitabas son suplidas por su gracia. El Señor desea la verdad y lo de adentro. Esta es la clave, mientras nuestros corazones se someten a la verdad del Señor, Él derrama una Verdad de Él mismo, su diseño y planes para nosotros son revelados para que la verdadera liberación pueda ocurrir. Mientras la vida pequeña se rinde a la vida grande y la visión. Nos convertimos en hijos e hijas de Dios.

Septimo Nivel: Morir A Si Mismo Y Despues Caminar En Una Vida Nueva

El séptimo nivel de la restauración:

Cada creyente vive en la dinámica de la cruz y la resurrección. Tomamos nuestras cruces diariamente para seguir a Jesús. Es la dinámica de la nueva vida de resurrección, dejamos las viejas formas de pensar para ser guiados y darnos el poder por el Espíritu Santo para vivir como hijos e hijas de Dios en nuestra nueva vida en Cristo. Muriendo a la vida vieja y viviendo una nueva no es una marcha terrible, una marcha forzada, o una marcha de muerte, pero es entrar en una dimensión mayor y divina de vida. Soltamos una vieja vida para entrar en una nueva vida. Primero es el proceso de morir a través de la cruz de Jesucristo, morimos y después vivimos. Mientras en el caso de la liberación o sanidad hay un fin definitivo para que terminen los problemas en nuestras vidas, muriendo a la carne es algo que no termina hasta que lleguemos al cielo. Está tan alineado con ser un sacrificio vivo. Nos morimos a nuestra carne y a la vida falsa. Vivimos para Dios. Como lo mencioné anteriormente, dejamos atrás al viejo hombre para que llegue el nuevo. Pero solo entonces la gran vida de Dios puede hacer salir de la fragil vida propia. Juan 12:23-28 dice: "Jesús les respondió diciendo: Ha llegado la hora para que el Hijo del Hombre sea glorificado. De cierto, os digo, que el grano de trigo debe ser plantado en la tierra. Al menos que muera queda solo; seria una sola semilla. Pero su muerte producira muchos granos nuevos, una cosecha abundante de nuevas vidas. El que ama su vida, la perderá; y el que aborrece su vida en este mundo, para vida eterna la guardará. Todos aquellos que quieran ser mis disipulos deben venir y seguirme a mi, porque mis sirvientes deben estar donde yo este. y si me siguen el Padre los honrará. Ahora está turbada mi alma. Debo orar, Padre, salvame de lo que esta por venir"? Pero esta es la razon por la que he venido! Padre, trae gloria a tu nombre. Entonces una voz hablo del cielo, diciendo, Lo he glorificado, y lo hare otra vez."

Una semilla muere en el piso, pero explota a una nueva vida. Este es el patrón de nuestra vida espiritual. Somos como esa semilla. La semilla que inicialmente es plantada y cubierta con tierra, pareciera que no hay salida. La semilla no tiene otra opción en donde fue plantada. Esta oscuro y confinante para la semilla. Agrégale a eso el calor y la humedad, la semilla siente que va a explotar. Entonces un día explota, pero esa explosión causa la muerte de la semilla en su estado original, un estado que solo tiene potencial se convierte en una nueva forma gloriosa de dimensión de vida que estaba guardado en la semilla. Esa es nuestra vida en Cristo.

Considero que morir a si mismo es como caer en la Roca de Jesús. Sufrimos, nos humillamos, buscamos sus caminos, obedecemos, nos permite salir adelante. Morimos a nuestra forma de vivir y hacer las cosas para vivir bajo los mandatos y caminos de Dios. Nos rendimos a su gracia y a la palabra de Dios. Permitimos que nos quebrante y nos cambie a Su imagen. Me gustan estas palabras del Salmo 5 en el Mensaje de la Biblia: Salmo 5:3 "Cada mañana me volverás a escuchar. Cada mañana pongo las piezas de mi vida en tu altar y miro para que descienda fuego." Sin embargo en ese proceso de ceder y morir aprendemos a caminar con El. de ti y esperaré." Mateo 11:29-30 dicen: "Camina conmigo y trabaja conmigo mira como yo lo hago. Aprende los ritmos de gracia no forzado. No te voy a poner nada pesado o mal adaptado a ti. Mantente en compañía conmigo y aprenderás a vivir libre y ligeramente. "El caminar con Jesús nos enseña los ritmos de gracia no forzado. Humíllate para vivir en el fluir de la gracia de Dios. La batalla contra la carne es difícil más los resultados son infinitos.

A veces el morir a uno mismo viene en forma de persecución, martirio, sueños que mueren, expectativas que cambian de manera radical. No lo entendemos y aun así sabemos que hay un Dios más grande de lo que imaginamos para que podamos confiar en El con nuestra vida y corazón. Dios debe darnos la gracia para todo esto porque va más allá de nuestro entendimiento natural.

Jesús aprendió obediencia a través de las cosas que sufrió. Jesús pudo haber corrido de la cruz, de seguro estuvo tentado a correr.

Sudó gotas de sangre al anticipar el tener que llevar los pecados del mundo y sufrir dolor y humillación, pero lo que dijo en el jardín de Getsemaní salvo al mundo "No se haga mi voluntad sino la tuya." Puedes olvidarte de toda la Biblia si Jesús no hubiera vivido y dicho esas siete palabras. La cruz no es nuestro enemigo sino nuestro árbol de vida. La cruz fue Su destino y el destino de todos los que le siguen a El. La escritura nos dice que lo que era locura del mundo era el poder de Dios. Abraza la cruz, en la cruz los "hijos del hombre" mueren, los reinos son derrumbados, los ordenes no naturales del pecado son cambiados, para que los nuevos hombres y mujeres puedan ser nacidos de nuevo para vivir en Jesucristo el Rey que resucitó. Dios escoge la cruz para todos Sus hijos e hijas, pero ellos deben escogerla también, no hay negación ni escape. Todos los caminos llegan a la cruz. Pablo escribe "Para mi el vivir es Cristo y el morir es ganancia" Filipenses 1:21. Si, tenemos nuestros propios cuerpos, pero somos Su cuerpo también, y asi como El estamos nosotros en el mundo. 1era de Juan 4:17. Gálatas 2:20 "Con Cristo estoy juntamente crucificado, y ya no vivo yo, mas vive Cristo en mí; y lo que ahora vivo en la carne, lo vivo en la fe del Hijo de Dios, el cual me amó y se entregó a sí mismo por mí."

Romanos 8:1: "Ahora, pues, ninguna condenación hay para los que están en Cristo Jesús, los que no andan conforme a la carne, sino conforme al Espíritu. Porque la ley del Espíritu de vida en Cristo Jesús me ha librado de la ley del pecado y de la muerte." Caminamos bajo la ley del Espíritu de vida en Cristo Jesús es la forma más grande de vivir. Somos personas celestiales no de la tierra. Somos generación escogida, real sacerdocio. No somos llamados para vivir "decaídos" sino para vivir a la altura nuestros ojos están hacia el cielo. Nuestro caminar hacia el cielo. Estamos sentados en lugares celestiales. Solo podemos hacer esto por el poder de Dios.

Pero hay un proceso de vivir. El de vestirnos del hombre nuevo. Efesios 4:24 dice: "Y vestíos del hombre nuevo, creado según Dios en la justicia y santidad de la verdad."

Esto es lo último en restauración porque estamos regresando al diseño original que Dios planificó para nosotros, hacernos como el

Hijo de Dios a través de la cruz. Si el pecado no hubiese entrado al mundo, Adán y su descendencia habrían vivido y crecido en una harmonía expansiva, gloria y destino divino sin interrupción. El ser creado a la imagen de Dios. Pero como el pecado entró al mundo nos ganamos esto por medio de la cruz. Es un camino duro y difícil, a veces se ve como un vidrio oscuro y a veces el vidrio se quiebra, pero el resultado es glorioso. TODA LA VIDA TODO EL TIEMPO, la sangre derramada de Jesús interrumpe el pecado, la muerte, la trayectoria defectuosa que terminaría originalmente en el infierno que comenzó en el jardín del Edén. El ambiente más perfecto de todos los ambientes humanos.

Los temas espirituales en este mundo son redención, reconciliación y restauración. En lo que concierne a Dios. Este es el camino al cielo, no al paraíso. Juan 1:12 dice: "Mas a todos los que le recibieron, a los que creen en su nombre, les dio potestad de ser hechos hijos de Dios;" A quienes lo reciban, ese es el punto de partida. Nuestra creación y salvación se unen en Cristo. La vida egoísta se reemplaza en una vida donde Dios es el centro. Somos redimidos por su sangre, reconciliado al Padre y otros para ser restaurados a la imagen que El tiene para nosotros desde la fundación del mundo en Jesucristo y las promesas del cielo. Romanos 6:3-8 es nuestro patrón y dice así "¿O no sabéis que todos los que hemos sido bautizados en Cristo Jesús, hemos sido bautizados en su muerte? Porque somos sepultados juntamente con él para muerte por el bautismo, a fin de que como Cristo resucitó de los muertos por la gloria del Padre, así también nosotros andemos en vida nueva. Porque si fuimos plantados juntamente con él en la semejanza de su muerte, así también lo seremos en la de su resurrección; sabiendo esto, que nuestro viejo hombre fue crucificado juntamente con él, para que el cuerpo del pecado sea destruido, a fin de que no sirvamos más al pecado. Porque el que ha muerto, ha sido justificado del pecado. Y si morimos con Cristo, creemos que también viviremos con él;" Entramos a su muerte y entramos a su vida y esa es la mejor vida que existe, la vida que Dios diseñó para nosotros desde el principio de la creación y comprada en la cruz con la dimensión añadida de entendimiento y restauración. Somos enterrados con El en el bautismo, somos identificados con

Su muerte. Pero cuando salimos del agua, simbólicamente descartamos la ropa de la tumba, de una vieja vida, una vieja identidad para comenzar una nueva. Esa es nuestra resurrección. De tal manera, en liberación y sanidad, la ropa de la tumba de una vieja vida es removida como Lázaro para comenzar de nuevo.

Siete niveles de sanidad, liberación y restauración. Siete niveles de liberación del viejo mundo y las viejas formas de sanación fortaleciendo nuestros corazones, y restauración a la nueva vida de Cristo en nosotros. Siete es el número de perfección divina. El Siete es el número de Dios y nosotros estamos en El y El en nosotros. Somos perfeccionados en Cristo en creación y salvación. Filipenses 1:6 "tener confianza en esto mismo, que El que ha comenzado en vosotros una buena obra, la perfeccionará hasta el día de Jesucristo;" Dios está trayendo su santidad y plenitud para completar nuestras vidas. El Salmo 138:8 dice: "Dios perfeccionara eso que nos concierne." Isaías 60:1 dice: "Levántate, resplandece; porque ha venido tu luz, y la gloria de Jehová ha nacido sobre ti." Si, puede que haya oscuridad, pero tu brillas con el Hijo, ya no estás abandonado en el camino sino levantándote y resplandeciendo.

Regresemos al principio del libro cuando contamos la historia de Naamán cuyo cuerpo estaba lleno de lepra, se mete siete veces al Río Jordán por la instrucción del Profeta Elías y su carne se hace como nueva como la de un bebé recién nacido. Más adelante vemos como Naamán se da cuenta que solo hay un Dios verdadero y es el Dios de Israel, él se da cuenta que no hay ninguna competencia con ese Dios que puede sanar a las personas con lepra. Ahora, veamos nuestra jornada. En esta jornada de la cruz y resurrección presentada en este libro para liberación, sanidad y restauración. Creo que Dios nos lleva al principio para comenzar la vida con El en un nuevo nacimiento. Nos redime paso a paso de lo que ha sido roto, dirigido incorrectamente y lo pecaminoso en nosotros para librarnos de todo el poder del enemigo y nos sana de lo que ha sido lastimado. Somos reconciliados con el Padre por medio de Cristo Jesús. Finalmente, restaura nuestras almas y identidad en El que era Su plan original. Cuando el restaura nuestras almas podemos caminar en los caminos de justicia. Nuestros espíritus se juntan con Cristo en lugares celestiales pero nuestra alma y espíritu deben hacer una jornada al cielo. Al final nuestras mentes deben ser renovadas y nuestra carne muere diariamente hasta el día de la ultima resurrección. Como mencioné anteriormente, nacemos de nuevo (como un bebé recién nacido), como Cristo nace en nosotros, pero desde el final hasta el principio y después al final. El proceso de liberación, sanidad y restauración permite que Cristo crezca en nosotros fusionando en nuestras vidas. Las vidas se santifican y Él es glorificado en nosotros. Vivimos en Cristo y El en nosotros. Mientras nos santificamos (hechos santos) y completos, no habrá ninguna duda que no hay Dios como nuestro Dios quien puede entrar en nuestros corazones y hacernos nuevos.

Ahora tomemos en cuenta al hombre del estanque de Betesda descrito en Juan capítulo 5. Como todos ahí, él estaba esperando para que se moviera el agua porque una vez al año sucedía algo sobrenatural (un ángel movía las aguas) y el primero que entraba al agua era sanado. Mientras esto parece un milagro potencial para alguien, era una burla como un espejismo para casi toda la gente. El hombre ciego no podía ver el agua que se movía, el pobre hombre cojo no podía caminar hacia el agua, el hombre enfermo estaba muy débil para llegar al agua, el hombre cansado estaba dormido cuando el ángel llegó y nadie tenía ayuda todo el tiempo. Este hombre había estado ahí por 38 años. Creo que el estanque de Betesda era un basurero para los enfermos. ¿Cuántos amigos y familiares esperarían con ellos para ver el impredecible mover de las aguas?

Después Jesús fue al estanque de Betesda en vez de la fiesta en Jerusalén. El vio a este hombre y sabía que había estado allí mucho tiempo. Le preguntó la verdadera pregunta más allá de las aguas que se movían, más allá de la visitación del ángel, más allá de las circunstancias, "¿Quieres ser sano?" porque como lo dije al principio de este libro, el estanque se convierte en una forma de vida. Lo anormal se convierte normal. Nuestro hombre en el estanque de Betesda nos da una excusa por la cual no se había metido al agua, no había alguien ahí para ayudarle y cuando lo intentaba ya era muy tarde. Podemos preguntarnos cuántas vidas carecían de ayuda en momentos importantes o personas que pasaron desapercibidas o cuando estuvimos solos. Pero la pregunta de Jesús borra las excusas y los motivos de años de dolor. ¿Quieres ser sano? Jesús está aquí para sanarnos si lo deseamos. Jesús da la orden, levántate y anda y lo hace. Salte, toma tus cosas y anda. Quizás has conocido a alguien por 38 años pero no van contigo y no te quieres quedar con ellos. No mires ni dejes nada atrás. A veces necesitamos seguir caminando. Después Jesús le dice que vaya y no peque más porque el pecado nos baja en vez de subirnos. Abre las puertas de la destrucción. Si no tenemos fe en los actos de obediencia, perderemos la fe en otras áreas de nuestras vidas.

El mandato de Jesús hoy es que nos levantemos y caminemos. El poder sanador, liberador y restaurador de Dios está aquí para ayudarnos a tener una victoria sobrenatural. Si lees la historia sabes que solo una persona en el estanque de Betesda fue sana ese día a pesar que el Hijo de Dios estaba ahí. El fue el único que salió, ¿Por qué los otros no pidieron ayuda cuando vieron que este hombre sano se paró y camino? No lo sé. El hecho de la cuestión es, no todos lo harán.

Me encanta el Salmo 116. Se considera un salmo de Pascua y quizás fue cantado o recitado por Jesús en la última cena. El hombre en ese salmo tenía muchos problemas, pero le pidió ayuda al Señor y el oyó su clamor. El Salmista escribe en el versículo 3 "Las penas de la muerte me rodearon, y los dolores del infierno me sostienen. Angustia y dolor había yo hallado. Entonces invoqué el nombre de Jehová, diciéndo: Oh Jehová, libra ahora mi alma. Clemente es Jehová, y justo; Sí, misericordioso es nuestro Dios. Jehová guarda a los sencillos; Estaba yo postrado, y me salvó. Vuelve, oh alma mía, a tu reposo, Porque Jehová te ha hecho bien. Pues tú has librado mi alma de la muerte, Mis ojos de lágrimas, Y mis pies de resbalar."

Tomemos en cuenta a este hombre. Es bastante serio cuando los lamentos de la vida te rodean. Es serio cuando los dolores del infierno te toman. Quizás has estado en una lucha, un lugar de gran conflicto, dificultad o angustia. Quizás tu has estado batallando, en un lugar de gran conflicto, dificultad y desespero, un lugar del cual pensabas que nunca ibas a escapar. Este hombre estaba ahí, de hecho, la monotonía (y temores) de la vida ordinaria a veces se sienten como la muerte. No es malo, pero no va a ningún lado. Quizás sueños muertos te persiguen por lo que podrías o deberías haber sido, si solo las circunstancias hubieran sido diferentes, o si tú hubieras sido diferente. Cuando reflexionamos en nuestra propia tristeza e incertidumbre, cuando estamos en momentos de gran desesperación, cuando sentimos que hemos llegado al final de nuestra cuerda y nada cambia, cuando llegamos al punto de las penas de nuestra muerte, aqui es cuando Dios entra en el asunto. Con nuestro Salvador real, amoroso, Todopoderoso el final de nuestra cuerda es transformada por la cruz y la resurrección al principio de nuestra esperanza. Las penas de la muerte son saturadas y compasivas por Jesús y los dolores del infierno fueron reales mientras El fue al hades por nosotros. El experimentó nuestros problemas y lamentaciones como si fueran suyas. El tomó nuestra muerte, penas y juicio por nuestros pecados. Quizás nuestro problema es que no estamos llorando como este hombre, sino que estamos manteniendo estos pecados, conflictos, demonios y quebrantamiento para nosotros mismos. El versículo 4 dice: "Entonces invoqué el nombre de Jehová, diciendo: Oh Jehová, libra ahora mi alma." El tema de este libro es liberación, sanidad y restauración del alma. Quizás deberías estar clamando al Señor porque El nos hará libres. Libres para ser quien El nos creo para ser y nos salvo a ser.

Aquí hay tres grandes liberaciones en el Salmo 116. El ha liberado mi alma de la muerte, Jesús le da salvación a nuestra alma. La paga del pecado es muerte, el alma muere por el pecado, pero Jesús salva nuestra alma de las mentiras del infierno, de la confusión, de malas situaciones, de la decepción, pecado, del sueno, de los demonios, de la muerte eterna. Segundo, El libera nuestros ojos de las lagrimas. El nos protege, nos aparta de los problemas que abruman a otros. La escritura nos promete que llegará un día donde no habrá lagrimas. El las limpiará. Pero incluso antes de "algún día" en el cielo, El puede hacer un gran trabajo de sanidad, redención, restauración, liberación y protección ahora. Nuestras vidas pueden estar llenas de gozo y no de lagrimas. No importa que tan grande sea el dolor, el poder de nuestro Dios es más grande para liberar a nuestros ojos de las lagrimas y también usar las lagrimas para dar vida a otros. Quizás esto no es lo que en visionamos o queríamos, pero puede haber victoria en vez de dolor. Tercero, El libra nuestros pies para no caernos. El nos librará de las garras del diablo. El nos librará de la tentación. El nos librara del mal. El nos librará de caer en situaciones inmorales que destruyen a otros, de las cosas tontas que arruinan familias, vidas, finanzas, hogares y eternidades. El nos mantendrá en caminos de justicia las cuales tienen gran recompensa por Su nombre.

Jesús dijo en Apocalipsis 21:7: "El que venciere heredará todas las cosas, y yo seré su Dios, y él será mi hijo." Este es el resultado final de nuestra victoria en este mundo por medio de Cristo. La victoria comienza dentro de nosotros porque el reino de los cielos está dentro y después crece diariamente en nuestro caminar y en como nos abrimos a El, a sus planes y patrones. Esta no es una batalla o una victoria pequeña, es una batalla y una victoria masiva, pero vale la pena para ser completamente capaz de heredar todas las cosas y ser un hijo del Dios Viviente. Jesús murió por esta victoria y se levantó otra vez comprobando que con Dios todas las cosas son posibles. Puso su sangre en la misericordia y en la silla del cielo y siempre vive para hacer intercesión para asegurarse que todo lo que El ha pagado con Su sangre sea realizado por nosotros. Su sangre ha comprado todo., nuestras vidas, nuestra eternidad, nuestra santidad, nuestra plenitud, nuestra relación con el Padre, libertad de todas las asechanzas del diablo, nuestras promesas y herencia y la libertad de ser, y convertirse, en lugar de ser condenado. Por la sangre experimentamos la victoria en totalidad. Él nos da al Espíritu Santo para liderar, santificar y nos empodera. El nos urge a no parar. La escritura nos muestra en Hebreos 12:1 "Por tanto, nosotros también, teniendo en derredor nuestro tan grande nube de testigos, despojémonos de todo peso y del pecado que nos asedia, y corramos con paciencia la carrera que tenemos por delante, puestos los ojos en Jesús, el autor y consumador de la fe, el cual por el gozo puesto delante de él sufrió la cruz, menospreciando el oprobio, y se sentó a la diestra del trono de Dios." Así que tomemos todo lo que Cristo ha hecho por nosotros y seguirlo en fe hasta la victoria final.

Ahora, regresando al Salmo 116, ¿cómo este hombre puede pagar al Señor por toda su bondad? De hecho, ¿Cómo le podemos pagar? Aquí esta lo que El dice ¿Qué pagaré a Jehová Por todos sus beneficios para conmigo? Tomaré la copa de la salvación, E invocaré el nombre de Jehová." Para mi eso significa recibir todo lo que el Señor tiene para ofrecerme. Para mi eso significa que recibiré todos los beneficios de la salvación, el poder de la cruz, la resurrección, el poder de los siglos que vendrá, la herencia del destino que El tiene por mi en la tierra como en el cielo. Abrazaré mi lugar como hijo/a del Dios Viviente y descansaré en la plenitud de Su amor. Considera la vastedad y excelencia de la gracia de Dios. De hecho "le pagaré" al recibir todo lo que tiene para darme. Lo amaré porque El me amó primero, cuando estaba en problemas, cuando nadie me amaba para que pueda caminar con los vivos y ser un testimonio de la bondad de Dios, amor y poder. Celebraré con la copa de salvación porque El en su misericordia ha tomado la copa de sufrimiento por mi. Clamaré al Señor porque El es mi Dios, mi Fortaleza, mi Salvador, mi Proveedor, mi Novio, mi Sanador y Libertador. Mi Padre, Amigo, Ayudador y mucho más. Así que gracias a Dios. Si, gracias a Dios por su Hijo, su regalo es demasiado maravilloso para palabras. 2 de Corintios 9:15 Eso es lo que hare y eso es lo que continuare haciendo. Tomaré al máximo la copa de Su amor porque El ha hecho todo bueno. Y viviré una relación eterna con El. Gracias a Dios el Padre, Hijo y Espíritu Santo. Gloria a Dios. Fin.

APENDICE A

ORACIÓN DE SALVACION

Amado Padre Celestial, Le pido a Jesús que entre en mi corazón para ser mi Señor y Salvador. Se que soy un pecador, pero creo que la sangre de Jesús que ha derramado por mi en la cruz me limpia de todo pecado. Creo que Jesús murió por mi y se levantó de entre los muertos. Te doy mi vida, Señor Jesús y pido tu vida a cambio. Lléname ahora con el Espíritu Santo. En el nombre de Jesús, Amén.

ORACIÓN DE ARREPENTIMIENTO
Arrepentimiento para pecados del corazón

Amado Padre Celestial, me arrepiento de todos mis pecados. Me arrepiento por mi rebelión contra ti, y rebelión en mi corazón, desobediencia, terquedad, orgullo, idolatría, celos, envidia y amargura. Me arrepiento de la falta de perdón, de guardar rencor, enojo y resentimiento contra Ti y contra otros. Me arrepiento del temor, duda y falta de creer en Ti y Tu palabra. Me arrepiento de odio hacia mi mismo y auto condenación al igual que el egoísmo y la auto compasión. Perdono a todos aquellos quienes me han abusado, rechazado, y utilizado. Te lo entrego todo a Ti, Señor. Limpia mi corazón de lo que no es Tuyo y muéstrame las áreas que necesitan ser limpias, incluso en eventos y actitudes de mi niñez. Endereza todos los caminos chuecos en mi. Me arrepiento también de haber lastimado a otros y invadido contra ellos, las relaciones que he roto y el dolor que he causado. Me arrepiento de no haberme perdonado a mi mismo cuando he pecado cuando Tu Palabra declara que soy perdonado/a. Crea en mi un corazón limpio, O Señor, y renueva un espiritu recto en mi. Purifícame con la sangre de Jesús en mi corazón, y lava mi corazón. Salmos 51. Enciende la llama de amor para Ti, y guíame en los caminos de la justicia. Sana las heridas en mi corazon, y sana las heridas en los corazones de otros que he dañado.

Yo se que requieres verdad en las partes internas de mi alma, y yo te invito a Ti para que seas Señor todo de mi.

Arrepentimiento para pecados del cuerpo-hablaré de esto más adelante

Amado Padre, perdóname también de los pecados de mi carne, impureza, inmoralidad sexual (Relaciones sexuales fuera del matrimonio, fornicación y adulterio) lujuria, perversión, prácticas sexuales no naturales, uso de alcohol y drogas, incesto, homosexualidad (lesbianismo), contaminar mi cuerpo de otra manera, el ser expuesto a la pornografía y coleccionar objetos pornográficos y sucios, adoptar una identidad falsa.

Perdóname por lastimar físicamente a otros seres humanos en cualquier manera incluyendo asalto físico, violación o incluso asesinato. Me arrepiento por haber dañado mi propio cuerpo. Me arrepiento de aborto, o ayudando en un aborto, y libero a ese niño no nacido a Ti.

Creo en tu Palabra que mi cuerpo es el templo del Espíritu Santo porque te pertenezco a Ti. Por lo tanto, oro para que seas Señor sobre todo mi cuerpo. Tu palabra dice que "Si confesamos nuestros pecados, Eres fiel y justo para perdonar nuestros pecados, y limpiarnos de toda injusticia." 1era Juan 1:9. Límpiame ya Señor, mi corazón, mi cuerpo, mi boca, mis ojos. Rompo toda atadura con quienes he cometido tales pecados o quienes han cometido pecados contra mi. Echo fuera a todos los demonios que están operando en el área de (nombra el pecado, ejemplo: lujuria, homosexualidad, pornografía, etc.) Llena el templo de mi cuerpo con Tu Espíritu.

Arrepentimiento por los pecados de mi boca

Amado Padre Celestial, te pido perdón por las palabras que he dicho en blasfemia contra Dios, decir malas palabras, maldecirte a Ti, a mi mismo u otros, decir cosas inmundas, lenguaje vulgar, mentir, chismear, hablar mal de otros, orgullo de jactancia, maldiciones ocultas o encantamientos. Yo ato a cualquier espíritu inmundo (dilo directamente, por ejemplo: espíritu de mentira, espíritu de blasfemia etc.) que han usado mi boca para su trabajo y les dijo que me dejen. Limpia mi boca de todas actividades impuras. Oro para que las palabras de mi boca estén alineadas a tu voluntad. Ayúdame a no derrumbar con mi boca a quienes Tu me has dado para amar.

Sean gratos los dichos de mi boca y la meditación de mi corazón delante de ti, Oh Jehová, roca mía, y redentor mío. Salmo 19:14

Arrepentimiento por pecados con dinero y posesiones

Amado Padre Celestial, me arrepiento de malgastar el dinero en mi posesión de mala manera. Ayúdame a ser un buen administrador de todo lo que se me ha dado. Me arrepiento de haber usado dinero para actividades pecaminosas, por robarte y no confiar en Tu palabra y dar para Tu reino, por actividades fraudulentas con mi dinero o el dinero de otros o por haber robado dinero u objetos de otros. Perdóname Dios por no diezmar o dar cuando Tu me has pedido que de. Tu dices en Tu palabra no defraudar a nuestro prójimo. Levítico 19:13 dice "No haz de robar, Éxodo 20:15. Perdóname por tal injusticia y pecado. Perdona a quienes me han robado y defraudado. Me arrepiento por mi linaje familiar por tales pecados y perdón, rompo cada atadura familiar y maldición por generaciones que me han causado a llevar penas por pecados previos en el nombre de Jesús. Te pido que me hagas libre de cualquier juicio contra mi familia que ha venido contra mi y mis hijos debido al fraude, robo, malgasto y otros actos de desobediencia que tengan que ver con dinero en el nombre de Jesús. También pido que me guíes y me dirijas para utilizar todo lo que tengo.

Arrepentimiento por pecados en asuntos espirituales

Amado Padre Celestial, Me arrepiento de adulterio espiritual, eso es de experiencias sobrenaturales fuera de Ti así como la astrología, leer la suerte, leer la mano, leer las hojas de te, sesiones, bolas de cristal, cartas de tarot, buscar síquicos, médiums, participando en vudú, santería, experiencias fuera del cuerpo, brujería, magia, o canalizando, hipnosis o cualquier creencia en reencarnación, Tablero del Ouija, orar a ídolos, otras actividades ocultas y satánicas. Me arrepiento por estos pecados y mando a los demonios que han entrado dentro de mi que se vayan. Renuncio a todo el material que he leído acerca de estas cosas y destruiré libros y materiales en mi posesión y no los accederé nunca. Renuncio a cada culto que niega la sangre de Jesús, cada filosofía que niegue la divinidad de Cristo. Yo rompo en el nombre de Jesucristo, toda herencia síquica y demonio que tiene detenido a mi familia como resultado de la desobediencia de mis antepasados. Echo fuera todo espíritu familiar que me lleve a tales practicas. Rompo cada maldición en mi que me envolvió en cualquiera de estas practicas de cualquier cosa síquica, demoniaca, o oraciones satánicas para o en contra mía, cada maldición dicha y hecha sobre mi, encantamientos, o fortunas o otras tales palabras dichas. Rompo yugos de enfermedad física o espiritual en el nombre de Jesús. Renuncio a cada espíritu que ata o atormenta a la gente y clamo al Señor Jesús para que me haga libre.

****

Te pido perdón Señor, por los pecados mencionados arriba y me perdono a mi misma. Señor, te pido que apliques la sangre de la cruz a cada área de mi espíritu, alma y cuerpo. Restaura mi alma en el nombre de Jesús, amen.

****

Quizás necesites más oraciones de liberación para ser libre de ataduras demoniacas en áreas de patrones repetidos del pecado. A veces estos patrones pecaminosos repetidos corren a través de las generaciones. Éxodo 20:5 establece que las iniquidades de los padres son visitadas a los hijos hasta la tercera y cuarta generación de quienes me aborrecen (Dios). En ese caso, una oración de arrepentimiento por el linaje familiar, echar fuera al espíritu y rompiendo el patrón del linaje y maldición es valioso. Una vez más, como dije anteriormente acerca de la revelación del Apóstol Robert Henderson, nos dirigimos a estos juicios en nuestra contra en las cortes del cielo. Estos juicios por causa del pecado en el linaje pueden estar bloqueando el fluir de las bendiciones, sanidad, liberación y destino que Dios tiene para nuestras vidas. Por lo tanto, debes arrepentirte en nombre de tu linaje y cualquiera de tu linaje que hizo pecado X,Y, Z y pide que los juicios sean alzados contra ti (y tu familia) por la sangre de Jesús. Después de todo, Jesús llevó todos estos juicios en la cruz y nos hizo libres de la maldición de la ley. El es nuestro Defensor en el cielo. Los espíritus malignos solo tienen acceso a una persona porque alguien en algún lugar abrió la puerta por medio de la desobediencia (incluso si no fuiste tú) Dios quiere arrancar las plantas que no ha plantado para asegurarse que lo que crezca sea de justicia y vida para que podamos crecer a la imagen de su Hijo Jesús.

También, si hemos cometido pecado con otra persona o hemos sido victimizados, controlados, o abusados por otro. Es valioso romper quebrar todas las ataduras que no son de Dios con esa persona para que la conexión del espíritu sea rota y puedas sentirte libre para ser la persona que Dios te mandó a ser.

La libertad en Dios es un proceso donde se cosechan grandes recompensar. Como lo escribe Pablo La Piedad es rentable a todas las cosas, teniendo promesa de la vida que ahora es, y de lo que esta por venir. en 1era Timoteo 4:8 "Y, pero todos, con la cara abierta contemplando como en un vaso la gloria del Señor, son cambiadas a la misma imagen de gloria a gloria como por el Espíritu del Señor. 2 de Corintios 3:18.

ORACIÓN PARA RECIBIR EL BAUTISMO DEL ESPIRITU SANTO

Amado Padre Celestial, Tú dices en tu Palabra que recibiremos poder cuando el Espíritu Santo venga sobre nosotros, y que el Espíritu es un regalo a para todo creyente. Tú dices que Jesús es quien nos bautiza en el Espíritu Santo. Ahora, Señor Jesús, te pido que me bautices con el Espíritu Santo con evidencia de hablar en lenguas, eso es, un lenguaje del cielo para comunicarme contigo. Lléname con los dones del Espíritu Santo para que pueda hacer Tu voluntad en la tierra como en el cielo.

Jesús quiere que limpiemos el templo de Dios (nosotros) para que podamos ser llenos de la gloria de Dios y el poder del Espíritu Santo. El nos llama a estar en pacto (acuerdo) con El, de este modo, recibiendo las bendiciones prometidas por el Padre.

El arrepentimiento no es una simple oración de nuestras bocas sino una actitud de nuestros corazones por la cual nuestras acciones seguirán. Frutos de arrepentimiento. Arrepentirse significa "apartarse". Nuestro Padre Celestial quiere que nosotros nos apartemos de lo que no vale la pena, destructivo y pecaminoso para que podamos ser vacíos para que El pueda derramar su vida abundante y milagrosa. El primer mensaje de Jesús fue "Arrepiéntanse, porque el reino de los cielos se ha acercado" El reino de los cielos está cerca, esperando entrar a nuestros corazones para fortalecer, bendecir, restaurar y hacer nuestras vidas nuevas. Trae frutos de arrepentimiento, en otras palabras, nuestras acciones deben mostrar evidencia de nuestro arrepentimiento.

Señor, te pido perdón por los pecados mencionados y me perdono a mi misma. Señor, te pido que apliques la sangre de la cruz a cada área de mi espíritu, alma y cuerpo. Restaura mi alma, en el nombre de Jesús, Amén.

APENDICE B

ESPIRITUS INMUNDOS MENCIONADOS EN LA BIBLIA

1. Espíritu del anticristo. 1ra Juan 4:3, En el Griego, un oponente del Mesías. "Anti" significa opuesto, en lugar de contraste, o sustitución de Cristo, el Ungido. Características: No confesará el Señorío de Jesucristo, y que Jesús vino en la carne como Salvador del mundo. También, el espíritu intenta romper las conexiones entre el Padre y el Hijo y entre el Hijo y el Espíritu Santo y el manto de la unción del Espíritu Santo de la tierra. Lea especialmente 1era Juan capítulo 2. El anticristo será una persona gobernando en la tierra bajo una Trinidad satánica falsa. Lea Apocalipsis 13 y 14.

2. Espíritu de esclavitud. Romanos 8:15 se origina del griego que significa esclavitud, o ser un esclavo o estar en esclavitud, dar servicio. También se origina de sujeción o sub-sirviente para atar, estar amarrados. Características: Lleva al temor y falta de entendimiento de la relación de Padre/Hijo en Dios. Romanos 8:15

3. Espíritu de sueño profundo. Isaías 29:10-12 o sueno, Romanos 11:18 en el griego, significa letargo, trance y se origina de aturdir, entorpecer, enviar a un sueño profundo. Características: Ojos espirituales cerrados, falta de profecía, no hay revelación de la escritura.

4. Espíritu de divinidad: Hechos 16:16-18. En el griego, un pitón, inspiración, adivinación. Características: Se opone a la verdad, canalización de dinero, grave.

5. Espíritu de error. 1era de Juan 4:6. En el griego, fraude, alejarse de la ortodoxia o piedad, engaño, femenino de seducción. Características: No es de Dios y no escucha la verdad.

6. Espíritu de maldad. 1era de Samuel 16:14, Jueces 9:23, Hechos 19:12. En el griego, doloroso, degenerado de su virtud original, calamidad, abandonado, culpa, lascivo. En el Hebrero malo, adversidad, aflicción, calamidad, disgusto, angustia, dolor, daño, pesado, hiriente, miseria, maloliente, triste, dolor, problema, vejar. Características: violencia, locura, persecución.

7. Espíritu familiar: 1era Samuel 28:7, Isaías 29:4. En el Hebreo, amigo familiar. Características: Familiarizado con la identidad, pasado y características de las personas afligidas por ello. Los espíritus familiares son utilizados para contactar a los muertos supuestamente. Son utilizados por médiums para obtener información y transmiten información.

8. Espíritu de temor: 2da Timoteo 1:7. En el Griego: timidez, pavor, desleal. Características: Temor de utilizar dones espirituales, pavor.

9. Espíritu inmundo. Marcos 9:25. En el Griego, moralmente impuro, lascivo, inmundo, tonto y sordo. Características: comportamiento autodestructivo, lascivo e inmundo como descrito en Griego.

10. Espíritu angustiado. Isaías 61:3. En el Hebreo, débil, oscuro difuminado, fumando, abatido, fallar, debil. Características: Falta de alabanza, opresión y depresión.

11. Espíritu de enfermedad. Lucas 13:11. En el Griego, debilidad de cuerpo o mente, dolencia, enfermedad, debilidad, sin fuerza o impotente. Características: Las mismas

12. Espíritu de celos. Números 5:30. En Hebreo, envidia, fervor, movido a provocar. Características: sospecha.

13. Espíritu de mentira: 2da Crónicas 18:21. En el Hebreo, mentiras, impostor, engaño, falsedad, algo que no es verdad. Características: Lo mismo descrito en persuadir, esconde el odio.

14. Espíritu perverso: Isaías 19:14. En el Hebreo, perversión, hacer lo malo, torcer, problemas o hacer el mal. Características: error, miedo, temor.

15. Espíritu de seducción. 1era Timoteo 4:1. En el griego, errante, como tramposo, o un impostor, engañador. Características: Alejar a las personas de la fe.

16. Espíritu impío. Marcos 5:8 Griego, lo mismo que el espíritu inmundo. Termino general para espíritus que no son de Dios.

17. Espíritu de prostitución. Oseas 4:12. En el Hebreo, adulterio, idolatría, de la indiferencia, cometer adulterio, usualmente de la mujer, prostitución. Características: Infidelidad a Dios y al esposo, salir de la autoridad, prostitución.

Por favor note que hay espíritus pegados a nombres, personas y entidades también así como Baal, Moloc, Jezabel, Acab, Leviatán, Legión, Astarté, Dalila, Abadón, etc. Espíritus como Jezabel, Baal, Moloc y Leviatán pueden ser espíritus que gobiernan en naciones. Nosotros también lo vemos en el libro de Daniel, el Príncipe de Persia y el Príncipe de Grecia. Estos son principados sobre naciones.

APÉNDICE C

ORACIÓN PARA ROMPER PATRONES DE PECADO EN LA FAMILIA Y MALDICIONES DE LINAJE FAMILIAR

Amado Padre Celestial, Quiero que los patrones de pecado en mi linaje familiar terminen, comenzando conmigo. Deseo ser libre en Ti y sin culpa, o vergüenza o condenación del pasado. Deseo ser libre de las maldiciones que han venido a mi por causa de los pecados de las generaciones antes de mi o por los pecados que he cometido.

Ahora yo rompo en el nombre de Jesús todos los patrones de estos pecados en mi familia y las maldiciones que hemos cosechado y los juicios que han venido a nosotros por causa de estos pecados y pido perdón por mi si he cometido alguno de estos y me arrepiento por todas las generaciones, padres, madres, abuelos y otros parientes en ambos lados de mi familia antes de mi que cometieron pecados. Rompo y suelto toda herencia maligna de las maldiciones asociadas con estos pecados y los juicios que han venido a nosotros por causa de estos y rompo los patrones de estos pecados que he heredado o cometido.

Rebelión, desobediencia, orgullo, terquedad, idolatría, celos, envidia y amargura, enojo, resentimiento contra ti y otros.

Temor, miedo, incredulidad de ti y tu palabra, rechazo del Padre, Hijo (Jesucristo) o Espíritu Santo)

Auto desprecio, odio hacia otros, autocompasión, auto condenación, egoísmo y racismo.

Rechazo de mi mismo y otros, incluyendo el rechazo del sexo que se me dio al nacer.

Abuso y falta de respeto hacia mi mismo, hijos, cónyuge, padres, abuso físico, abuso sexual, abuso emocional, abuso verbal, abuso de drogas, abuso de alcohol, violación de niños. Rompimiento de familias por divorcio, adulterio, fornicación y pecados sexuales e irresponsabilidad.

Inmoralidad sexual: fornicación (sexo fuera del matrimonio heterosexual) adulterio, incesto, homosexualismo, lesbianismo, bestialismo, el ser expuesto a pornografía e objetos inmundos, auto abuso.

Límpiame de patrones familiares de tener hijos fuera del matrimonio, aunque creo que Dios ama a todos los niños que nacen en el mundo.

Asalto físico, violencia, asesinato, violación, aborto, ayudar en un aborto.

Blasfemia contra Dios o maldecir a otros, mentir, decir malas palabras, chismes, calumnias, jactarse con orgullo, maldiciones ocultas.

El robar a Dios al no dar mi dinero, no diezmando, desobedeciendo al Señor respecto al dinero. Robo, destruir la propiedad de otras personas, malgastar dinero y recursos, el ser egoísta con dinero y posesiones.

Me arrepiento por no confiar en Dios para proveer para mi y no creer que Dios puede usar las habilidades que me ha dado para romper esta maldición generacional de dependencia.

Me arrepiento (como sea aplicable) de brujería, decir la fortuna, astrología, leer la palma, leer las hojas de te, sesión espiritista, bolas de cristal, cartas de tarot, experiencias psíquicas, buscar médiums, todo lo que tenga que ver con el vudú, Santería, experiencias fuera del cuerpo, magia, canalizar, hipnosis, creer en la reencarnación, Tablero de la Ouija, orar a ídolos, sacrificios de animales o humanos y cualquier otra actividad satánica u oculta; practicas de brujería de otros lugares del mundo-Europa, Asia, África, Sur América, Centroamérica, México, Norte América, Australia, las islas del mar o cualquier otro lugar. Me arrepiento y pido libertad por los pecados y maldiciones practicas de brujería de las generaciones antes de mi o cualquier tipo desde mis antepasados.

Hazme libre de cualquier tipo de maldiciones hacia mi o mi familia por mis creencias o religiones que no reconozcan a Jesús como el único Hijo de Dios que pago por nuestra redención del pecado con su propia sangre, que niega la resurrección de Jesucristo o que destrona a Dios Padre o al Espíritu Santo (puedes ser específico si haz sido parte de un culto)

Señor, te pido que me hagas libre de los patrones de los pecados mencionados y las maldiciones de estos pecados. Ahora voy a las cortes del cielo por la sangre de Jesús para ser libre de los juicios contra mi y mi familia.

Señor, te pido que rompas las maldiciones de pobreza, perdida, familias rotas, confusión mental y emocional, enfermedades hereditarias, esterilidad, muertes no naturales, suicidios, ser propenso a accidentes y cualquier tipo de victimización en mi vida.

Señor, arranca la raíz de estos pecados y maldiciones y lléname con tu vida y amor. Hazme una nueva criatura en todas las áreas. Señor, te pido que me conviertas en una bendición para otros y en vez de ser desobediente te pido que me conviertas en un hijo/a obediente de tu amor. Oro esto en el nombre del Señor Jesucristo.

(Si hay pecados específicos que parecen ser repetidos en tu vida, arrepiéntete por ti, rompe el patrón de estos pecados por medio de las generaciones y maldiciones/juicios de estos pecados, pídele a Dios que llene los espacios vacíos para que te vuelva a crear a su imagen)

ORACION PARA ROMPER EL CONTROL Y VICTIMIZACION

Amado Padre Celestial, he sido víctima del control de otra gente y deseo ser libre. En el nombre de Jesucristo rompo todo el poder maligno, posesión y control (nombre de la persona, puede ser un pariente, amigo, enemigo, persona en autoridad o cualquier otra persona) sobre mi y cada atadura que no es tuya entre yo y (nombre de la persona) en el área (sexual, emocional, mental o abuso físico o algo más) Perdono a quienes me han hecho mal, pido perdón por el odio, enojo o resentimiento que pueda tener. Restaura mi alma de toda atadura a cualquier persona de una manera impía. Sana mi corazón.

Amado Padre Celestial, me declaro victorioso/a en Cristo Jesús y más que vencedor/a, como dice la Biblia. Rompo maldiciones sobre mi, mi familia y generaciones antes de mi de victimización, y opresión, los efectos de injusticia y esclavitud, crueldad, y discriminación, pobreza y carencia. Reclamo mi herencia en Cristo Jesús. Tampoco quiero Señor estar atado al pecado sino un victorioso sobre eso y te pido que me llenes con el Espíritu Santo para vivir una vida en santidad. Oro esto y lo declaro en el nombre de Jesucristo.

PARA AQUELLOS GRUPOS ETNICOS Y RELIGIOSOS QUE HAN SIDO PERSEGUIDOS EN GRAN MANERA

Por favor note que hay muchos grupos étnicos/religiosos que han sido víctimas de crímenes horribles, genocidio, asesinato en masa. Estas experiencias traumáticas tienen efecto en las futuras generaciones. Esto resulta en tristeza, opresión, vergüenza y necesitan ser tratadas y sanadas por el Espíritu Santo. Esto incluye el perdonar a los perpetradores y entregárselos a Dios.

Apendice D

ORACIÓN PARA ROMPER ATADURAS

En el nombre de Jesús rompo todo poder maligno, posesión y control de (nombre de la persona) sobre mi y cada atadura entre el hombre y (nombre de la persona) en el área de (uso de drogas, actividad sexual, abuso, lo que el Señor te muestre). Amado Señor, restaura mi alma y regresa a mi toda mi alma atada a esa persona de una manera impía.

Como escribí anteriormente: Los pactos que no son de Dios así como ingresar a una pandilla o organización oculta pueden ser controladoras para la vida. También incluiré sistemas religiosos que no están basados en la palabra de Dios. En tal caso, rompe el pacto (incluso el pacto de sangre) con esa pandilla o grupo y entra en un pacto de sangre con el Señor Jesucristo.

Haz esta oración: Yo rompo todo pacto de sangre ahora con XXX en el nombre de Jesús y me uno a Jesucristo por el pacto de la sangre que El derramó en la cruz. Rompo cada pacto con la muerte, rompo cada pacto con [tal y tal] persona o grupo que no era de ti. Rompo todos los pactos hechos con la organización XXX en el nombre de Jesús.

APENDICE E

RENUNCIACION DE PECADOS SEXUALES
ORACIÓN PARA LIBERTAD DEL PECADO SEXUAL
ORACIONES PARA QUEBRAR ATADURAS
ORACIONES PARA ROMPER MALDICIONES
DEL PECADO SEXUAL

A. Arrepentimiento/renuncia/romper maldiciones

Amado Padre Celestial, me arrepiento por mi y las generaciones antes de mi, de las generaciones antes de mi, del lado de la familia de mi mamá y mi papá por todos los pecados sexuales incluyendo fornicación, adulterio, pornografía, homosexualidad, lesbianismo (agrega otros si es necesario como violación, incesto, prostitución, sexo ritual) y para todos los patrones de pecado sexual, matrimonios múltiples y generaciones de fornicación.

Mando a todos los espíritus de fornicación, inmundicia, homosexualidad, lesbianismo, pornografía, adulterio, [agregue otros] posiblemente falsa identidad, (si estas pretendiendo ser un hombre o mujer) que me dejen. (PUEDES DECIRLE A LOS ESPIRITUS DE HOMBRE O DE MUJER QUE SE VAYAN SI ESA NO ES TU VERDADERA IDENTIDAD SEXUAL.)

Rompo todas las ataduras y pactos que no son de Dios con quienes he tenido relaciones fuera del matrimonio descrito en la Biblia. (PUEDES NOMBRAR A ESTAS PERSONAS, Y EXPLICITAMENTE ROMPER ATADURAS CON ELLOS SI SABES SUS NOMBRES. SI NO, SOLO ROMPE TODOS LOS ENCUENTRO FUERA DEL MATRIMONIO.)

Señor, te pido que me devuelvas todos los fragmentos de mi alma que han sido rotos por ataduras impias sexuales fuera del matrimonio y le ordeno a cada parte de las almas de otras personas que me dejen.

Me arrepiento y renuncio a las formas impías de sexo como el sexo homosexual, (incluyendo lesbiana) practicas, fetichismos, sadomasoquismo y MUCHOS más. Rompo ataduras con estas practicas y renuncio a ellas.

Perdóname (o a las generaciones antes de mi) por tener familias fuera del matrimonio. Señor, te pido que rompas maldiciones y patrones generacionales de ilegitimidad y consagro mis hijos a ti.

Libérame y límpiame de la vergüenza que aturde mi vida y mi corazón.

B. Perdón y Rompimiento de Ataduras del Alma--Acoso, Violación, Abuso.

Perdono aquellos (NOMBRE A ESTAS PERSONAS) que me han usado sexualmente y me han acosado, me han violado o abusado. Rompo todas esas ataduras con las personas que me han usado, acosado, violado. o me han abusado.

Amado Señor, Límpiame del temor, dolor, angustia, odio propio, odio, enojo, ira, odio de (hombre/mujer). Me perdono a mi mismo de haber sido utilizado y perdono a mi (padre/madre/niñero/a) por no haberme protegido.

Me arrepiento por todos los pecados en el linaje familiar de parte de la familia de mi mamá, de parte de la familia de mi papá, de violaciones, incesto, abuso sexual y te pido Señor que rompas estas maldiciones en mi linaje familiar. Líbrame de todo juicio asociado contra mi y mi familia en el nombre de Jesús.

Le ordeno a los espíritus inmundos de acoso, violacion, abuso, dolor, rechazo, incesto, abandono, angustia, muerte y perversión que me dejen.

Libérame y límpiame de la vergüenza que aturde mi vida y corazón.

C. Especialmente para Afro Americanos.

Perdono a quienes han separado y destruido familias como resultado de la esclavitud. Los perdono y libero. Señor, te pido que rompas la maldición de separación, divorcio y desprendimiento sobre mi familia. Perdono a quienes me usaron y abusaron de mis antepasados esclavos sexualmente, verbalmente, emocionalmente, mentalmente y económicamente. Rompo las maldiciones de cautividad y opresión.

D. Para quienes han estado en relaciones de homosexualismo/lesbianismo

Amado Padre Celestial, me arrepiento de homosexualismo/lesbianismo. Se que es un pecado. Renuncio a estas prácticas y te pido Señor que vuelvas a hacer mi vida en la imagen de tu Hijo. Dame una identidad en Ti. Perdono a quienes me introdujeron a practicas homosexuales o me molestaron.

Señor, te pido que rompas maldiciones generacionales de homosexualismo y lesbianismo en mi vida, me arrepiento en nombre de mi familia, por parte de la familia de mi madre, y por parte de la familia de mi padre, por tales pecados.

Le ordeno a todos los espíritus inmundos, perversos, de homosexuales (o lesbianas) que me dejen.

Rompo toda atadura con esas personas con quien tuve relaciones homosexuales/lesbianas, incluyendo pornografía en estas áreas. Renuncio a cualquier matrimonio falso o asociación.

Señor, te pido que me levantes y me des fuerza para caminar como lo hizo tu Hijo. Líbrame y límpiame de la vergüenza que derriba mi vida y corazón

Trabaja en mi vida para que pueda reclamar a mi verdadero yo conforme a la palabra de Dios. Rompe las barreras que haya tenido en mi corazón a mi (padre, madre, hombre, mujer) perdona a mi papá o mamá del mismo sexo por abandonarme, negarme o abusarme, y no liberarme mi verdadera identidad.

(Para quienes han estado en relaciones homosexuales/lesbianas, es valioso recibir liberación, renovación de la mente, consejería y oraciones para sanidad interior)

E. Transgénero y transexuales

Para quienes han cambiado la identidad de su cuerpo o desean cambiar de genero o actuar como otro género, es valioso arrepentirse de auto desprecio, mutilación, engaño, pretender ser alguien más y echar fuera el espíritu de hombre o mujer, algunos de los cuales tienen nombre de hombre o mujer, y cualquier espíritu de confusión. Pídele a Dios que ordene y cambie la química del cuerpo para lo que es diseñado para un hombre o mujer.

Amado Padre Celestial, me arrepiento de haber degradado y rechazado mi identidad y el buscar ser una mujer (si soy un hombre) o buscar ser un hombre (si soy una mujer). Perdono a quienes han causado que me odie a si mismo y me han alejado de mi verdadera identidad, me arrepiento y me perdono por odiarme, rechazarme y por rebelarme contra mi Creador.

Renuncio a tal pecado y me arrepiento por ello en mi propia vida. Te pido que rompas todas las maldiciones generacionales en el área de fornicación, adulterio, pornografía, homosexualidad, lesbianismo, violación, incesto, prostitución, estilos de vida transgénero [NOMBRE OTROS] en mi vida.

Me arrepiento y renuncio a vestirme como un miembro del sexo opuesto y pido perdón por haber deseado cambiar mi identidad. Quita toda mi atracción hacia la ropa del sexo opuesto y ayúdame a estar feliz con quien yo soy. Muéstrame la raíz de esto para poder ser libre.

Me arrepiento de haber degradado mi cuerpo y haber rechazado la verdadera identidad que me has dado. Me arrepiento de haber tomado hormonas y mutilar mi cuerpo intentando cambiar mi identidad sexual. Me arrepiento por auto desprecio y auto rechazo y tomar la identidad de otro género diferente al que tu me llamaste a ser. Renuncio a todo espíritu (hombre o mujer), te pido que rompas cada atadura con quienes tuve sexo. Renuncio a parejas y matrimonios falsos.

Perdono a quienes causaron que me odiara y rechazara a mí mismo.

Perdono a quienes compraron, desviaron, prostituyeron o me dañaron.

Señor, llévame a mi verdadera identidad y hazme pleno. Libérame y límpiame de la vergüenza. que derriba mi vida y corazón. Quita las barreras en mi corazón que me han detenido llevar a cabo mi verdadera identidad y amarme.

F. Arrepentimiento por un aborto

Amado Padre Celestial, me arrepiento de haber abortado a mi hijo (o estar de acuerdo con el aborto de mi hijo, si tú eres el padre) se que es pecado de asesinato y lo lamento.

Te doy a mi hijo sabiendo que estaremos reunidos algún día.

Confío en ti para que sanes mi vida y llenes la brecha del vacío. Me arrepiento por las generaciones antes de mi, del lado de mi madre, y del lado de mi padre, por el pecado de aborto y rompo cada maldición de aborto sobre mi vida. Libérame de los juicios de mi vida o linaje por el aborto.

Me arrepiento de haber ayudado en un aborto o animando o convencer a alguna mujer a hacerse uno.

G. Acciones adicionales

Estas oraciones son el punto de partida y hay muchos más pasos en el proceso de sanidad y liberación, pero abren la puerta para que el Señor pueda comenzar a traer Su vida al espíritu, alma y cuerpo. OTRAS ACCIONES QUE PUEDES TOMAR: Destruye toda la literatura sexual en tu casa, no accedas a ningún tipo de pagina de internet sexual. Deshazte de todo material sexualmente explicito. ¡Tíralo! ESTO ATRAE ESPIRITUS DEMONIACOS Y TRAE OPRESION Y PESADEZ Y LUJURIA A TU PROPIA CASA. Tira todos los objetos sexuales y considera desacerté de regalos, ropa y objetos de parejas sexuales pasadas.

Apendice F

ORACIONES DE GUERRA

Como protegerte, a Tu familia y Seres Queridos

Oseas 4:6 dice, "Mi pueblo esta destruido por falta de conocimiento" Dios nos ha dado el conocimiento de Su palabra de como destruir al enemigo, pero debemos estar al tanto de ese conocimiento y utilizarlo. No seamos ignorante de los aparatos del enemigo o de la autoridad que tenemos en Cristo Jesus para ganar la victoria sobre Satanás y desatar el plan de protección de Dios sobre nuestras vidas por medio de la sangre de Jesús.

1. PASO UNO: Ora cada día por ti y por tus seres queridos, todos los días, sin importar que suceda. Quizás estés parado en la brecha por ellos entre la vida y la muerte. Ponlos (y a ti) bajo la sangre de Jesús y pídele a Dios que envié ángeles a protegerlos. POR EJEMPLO, PUEDES ORAR ASI:

Amado Padre Celestial, oro por (nombra a seres queridos), cúbrelos con la sangre de Jesus y rodéalos, acampa y protégelos con ángeles.

2. PASO DOS: Además de nuestras oraciones diarias, debemos se sensible al Espíritu Santo. El Señor puede estarte diciendo de horas especiales en las que debemos orar. De hecho, debemos orar sin cesar. Esto significa que debemos tener la actitud de oración y relación con Dios. Jesús vive para hacer intercesión hasta cierto punto, nosotros debemos estar alertas en el espíritu y tener una vida de actitud parados en la brecha.

Sé lleno del Espíritu. Recibe el bautismo del Espíritu Santo con la evidencia de hablar en lenguas. Hechos 1:8 ORA EN LENGUAS. Orar en lenguas no solo engrandece tu fe (Judas 1:20) sino que te da una percepción al mundo de los espíritus. Dios te puede mostrar algo para salvar tu vida.

3. PASO TRES: Toma autoridad sobre todo principado, poderes, gobernadores de las tinieblas de este mundo, etc. ATANDO

Y SOLTANDO ORACIONES. Rompe cualquier asignatura del enemigo hacia ti.

Jesús dijo en Mateo 16:19 "Y a ti te daré las llaves del reino de los cielos; y todo lo que atares en la tierra será atado en los cielos; y todo lo que desatares en la tierra será desatado en los cielos."

Pablo escribió en Efesios 6:12 "Porque no tenemos lucha contra sangre y carne, sino contra principados, contra potestades, contra los gobernadores de las tinieblas de este siglo, contra huestes espirituales de maldad en las regiones celestes." Y 2da Corintios 10:4 "porque las armas de nuestra milicia no son carnales, (contra la carne), sino poderosas en Dios para la destrucción de fortalezas,"

¿CÓMO UNIMOS TODO ESTO Y ORAMOS?

En el nombre del Señor Cristo Jesús, tomo autoridad sobre todo principado, poder, gobernador de las tinieblas de este mundo, maldad espiritual en los lugares celestiales, ángeles satánicos y demonios y todos los diseños y asignaturas del enemigo operando en el área de (nombra la atadura demoniaca como la brujería, uso de drogas y alcohol, guerra de pandillas, violencia, enojo, ruptura familiar, inmoralidad sexual, perversión, muerte, destrucción, anticristo, actividades ocultas, luchas, incredulidad, rebelión, orgullo, etc. en y sobre (nómbrate o nombra a tus familiares)

LOS SIGUIENTES SON PASOS DE QUE HACER CON TU VIDA

4. PASO CUATRO: Ser obediente a Dios

II Corintios 10:4 y 6 dicen "porque las armas de nuestra milicia no son carnales, sino poderosas en Dios para la destrucción de fortalezas," y estando prontos para castigar toda desobediencia, cuando vuestra obediencia sea cumplida."

La obediencia nos da poder en el espíritu. Cuando caminamos en obediencia el fluir del amor de Dios y el poder trabaja para llevar a cabo nuestro caminar en obediencia. Cuando nos rebelamos, solo invitamos a los demonios a que nos acosen. La Biblia dice que el camino del transgresor es difícil. Proverbios 13:15

5. PASO CINCO: Vive una vida en santidad

Confesa todos los pecados conocidos. Arrepiéntete. Sácalo de tu vida. Pídele a Dios que te limpie, porque se nos ha prometido en 1era Juan 1:9 "Si confesamos nuestros pecados, él es fiel y justo para perdonar nuestros pecados, y limpiarnos de toda maldad." Se libre de relaciones que no son de Dios, asociaciones, adiciones o vínculos. (mira la oración para romper ataduras que no son de Dios)

La santidad no es usar un vestido blanco o cargar una Biblia. La santidad es pureza interior a través del arrepentimiento y perdón de pecados y la limpieza, trabajo liberador del Espíritu Santo a través de la sangre de Jesús en nuestras vidas. Resultará en una cultura de adoración hacia Dios, obediencia y confiar en Dios como niños lo cual habilita el poder en el Espíritu para operar en nuestras vidas. La Biblia dice que sin santidad ningún hombre puede ver al Señor Hebreos 12:14. Por lo tanto, la profundidad de nuestra relación con Dios depende de ello.

Sin santidad, el diablo tiene acceso a ti. Cada área del pecado es una puerta para ataque y opresión demoniaca. Tu autoridad será reducida en el mundo espiritual.

6. PASO SEIS: Se Liberado

Aparte de vivir una vida en santidad, ser liberado y sano de dolores, heridas, quebrantamiento, rechazo, cautividad en el interior. Después el Espíritu de Dios se levantará en ti de gran manera, en vez de ser estorbado por tu actividad demoniaca y heridas que no han sido sanadas. NO PUEDES CORRER UNA CARRERA SI TUS PIES ESTAN ATADOS Y TUS PIERNAS ESTAN QUEBRADAS.

Rompe maldiciones y patrones de linaje familiar de pecado en cada área de tu vida. Cuando el enemigo no tenga acceso a ti entonces puedes tomar una posición firme contra él. Jesús dijo "porque el gobernante de este mundo viene y el no tiene nada en mi." (Mira la oración para quebrar maldiciones)

7. PASO SIETE: Se constante en tu relación con Dios.

El te librará y te alejará del mal. El Espíritu Santo es el Espíritu de la Verdad quien te mostrara el camino a seguir. Pídele al Señor que guie tus pasos diariamente. Ponte la armadura de Dios descrita en Efesios 6:14-17 y "ora siempre con toda oración", v. 18. En ponerse la armadura de Dios, puedes decir en voz alta ahora me pongo la coraza de justicia, el escudo de la fe, Mis lomos están cubiertos de verdad, mis pies calzados con el apresto del evangelio de la paz. Yo llevo la espada del Espíritu, y tengo el escudo de la fe y el casco de salvación." Aprende lo que estos significan.

LO QUE PUEDES HACER EN TU CASA Y PROPIEDAD

8. PASO OCHO: Unge Tu Casa con Aceite

Camina por tu casa, ora por ella y úngela con aceite. ¿Qué significa esto y como se hace? Ungir con aceite significa santificar, dedicado a Dios y limpio. Para ungir con aceite, tome un poco de aceite, aceite de cocina, aceite de oliva, póngalo en un contenedor aparte y decláralo santo para Dios en el nombre del Señor Jesucristo. Entonces pon un poco en tus dedos o manos y toca las paredes de tu casa en cada recámara, tu cama, tus muebles. Rompe maldiciones sobre la casa o apartamento. La propiedad, los objetos dentro de ella, ordena a cada espíritu a que se vaya en el nombre de Jesús. Rompe ataduras demoniacas de dueños o residentes anteriores. Por ejemplo, quizás sepas que se cometió un crimen en el apartamento. Unge el apartamento con aceite. Toma autoridad sobre cada espíritu de violencia ahí y ordena que se vaya. Pide que tu casa sea cubierta con la sangre de Jesús y dile al Espíritu Santo que habite ahí. Ordena a los espíritus malignos o de inmoralidad sexual o uso de drogas o cualquier cosa que habite ahí ya sea lucha, suicidio, enojo, etc., que se vaya y ata a los espíritus y ordena que se vayan a los lugares áridos como manda la escritura. Si tienes un patio, puedes salir al patio y ungirlo con aceite, echar aceite sobre la propiedad y declararlo santo para el Señor, ordena a los espíritus inmundos que se vayan y rompe maldiciones sobre la tierra.

9. PASO NUEVE: Deshazte de objetos inmundos

Deshazte, destruye, tira a la basura todos los objetos impíos en tu posesión tal como pornografía, drogas, parafernalia, objetos sexuales, ídolos, literatura en lo oculto o de falsas religiones, música que no es agradable a Dios. Así también el no acceder a paginas de internet pornográficas, por ejemplo. Entonces el Señor querrá morar ahí. Estas cosas son puertas que atraen demonios. Deuteronomio 7:26 dice: "Ni traerás una abominación a tu casa, para que no seas condenado a la destrucción como esta. Del todo la debes detestar y por completo aborrecerlo porque es una cosa maldita."

10. PASO DIEZ: Adora a Dios

El Señor habita en medio de la alabanza de su pueblo y nuestra alabanza hace que el enemigo huya. Salmos 22:3 y Salmos 2:2. Mientras estés en una actitud de alabanza y adoración, el Espíritu del Señor incrementará en ti y tus circunstancias. El enemigo es empujado por tal ambiente y la presencia y el poder de Dios incrementa.

APENDICE G

Entendiendo y Sanando las Heridas Maternas

Escrito por Alfred C.W. Davis[3]

Todos venimos a este mundo necesitando la tierna presencia ternura, cariño y el amor de una madre. De hecho, la influencia de una madre comienza en el vientre. La ausencia del amor de esta madre es una herida que es creada en tres maneras.

1. La madre es separada de su hijo/a por medio de:
   1. Enfermedad de la madre
   2. Muerte de la madre
   3. Divorcio
2. El hijo es separado de su madre por:
   1. Enfermedad del hijo/a
   2. Incubadora/hospitalización
   3. Adopción
3. Relación infeliz con la madre por medio de:
   1. negligencia
   2. abuso
   3. Estrés mental y emocional de la mamá
   4. Intento de aborto

Cuando este apego importante es interrumpido de forma traumática, hay dolor emocional que produce consecuencias dentro del individuo. El efecto de las heridas incluye:

• Sentimientos de abandono y desolación

---

3 Este articulo esta impreso y distribuido con permiso de Alfred C.W. Davis, www.love-healstv.com

- Perdida de si mismo y sensación de ser
- Hambre poderosa de un troque femenino que puede convertirse en erotismo
- Dependencias emocionales
- Posible confusión de genero, temor e inseguridad

Hay dos respuestas generales para las heridas de una madre que pueden afectar la habilidad de uno para llevar a cabo amistades y un matrimonio saludable.

- Desapego emocional- Esta respuesta defensiva a la descomposición del amor de una madre causa un desapego en la madre. La necesidad legitima de amor de la madre es reprimida dejando al hijo hambriento pero inhabilitado de tener relaciones seguras por un bloqueo emocional. La persona teme al dolor del apego y por lo tanto construye muros protectores para esconderse detras.

- Dependencia emocional- En esta respuesta, la persona se esfuerza sin fin para llenar el vacío que a menudo se convierte en codependencia con tendencias de sujetar, aferrar y ser infantil. Este esfuerzo por apegarse es basada en baja autoestima, temor, inseguridad y a menudo confusión acerca del valor de uno mismo.

Implicaciones para mujer

- Internalizar el ver a la mujer como menos
- Dependencias adictivas, emocionales y románticas
- Deseo infantil para unión con mujeres
- Confusión sexual relacionada con el tacto

Implicaciones para hombres

- Ambivalencia hacia las mujeres - las necesitan, pero son cautelosos con ellas.
- Obsesión con objetos femeninos del deseo de llenar por falta del amor maternal

- Ya sea despegarse o mantenerse en una relacion toxica o en una alianza pecaminosa con la madre

- Confusión sexual relacionada con el tacto

Otras implicaciones

- Ansiedad de separación que lleva a esforzarse, pasividad y depresión.

- Uniones fantasiosas - apegándose a las fantasías

- Uniones de fetichismos-apego a cosas como ropa o cabello.

- Apego a uno mismo. Imagen fantasiosa de uno mismo.

- Incesto emocional- Satisfacer las necesidades emocionales de madre

- Sentido débil de identidad y del ser

DIRIGIENDOSE A LA HERIDA MATERNA

Hay tres pasos para dirigirse a la herida materna

1. Invita a Jesús a tus memorias y emociones iniciales.

2. Suelta tu dolor, dáselo a Jesús y deje de vivir en el centro de tu hijo herido.

3. Perdona a tu madre

4. Fortalece tu sentido de identidad y sabiduría de tu Verdadero Ser en Cristo.

Invitar a Jesús a sanar la herida "El Salmo 27:10 dice "Aunque mi padre y mi madre me dejaran, Jehová me recogerá." Así como una madre consuela a su hijo, asi te consolare a ti."(Isaías 66:13) Sabiendo que Jesús quiere sanar a todos aquellos que están quebrantados de corazón, invita a Jesús a entrar a tu lugar de quebranto, en el vientre, al nacer, cuando eras pequeño, donde sea que haya sucedido.

Libera tus memorias dolorosas a Jesús. Pídele a Jesús que te quite el dolor en cada memoria dolorosa y reemplázala con Su amor.

El quitara creativamente el dolor (el "como" a menudo es diferente para cada persona) transforma la memoria con Su amor y verdad.

Perdona a tu madre. Escoge, como un acto de libre albedrio, para perdonar a tu madre y suelta todo resentimiento, amargura y enojo. El amor transformador de Jesús cambiará la perspectiva del trauma y te librará para aceptar las circunstancias con gracia y misericordia.

FORTALECE TU SENTIDO DE IDENTIDAD Y SABIDURIA DE TU VERDADERO SER EN CRISTO.

Pídele a Jesús que te revele la verdad de quien eres. Tal como Jesús afirma tu sentido de ser, El provee una seguridad de valor y te ayuda a que conozcas al Ser Verdadero que El creó. Entonces mira tus historias de éxitos para que veas la obra de tu Verdadero Yo en la vida real.

Mientras conectas con el profundo amor de Jesús para ti, la necesidad para apegarte a otras cosas reduce tu necesidad para ser amado y te permite mirar hacia fuera en las relaciones amorosas con otros. Viviendo con tu Nuevo yo y estar abierto a la afirmación te liberara para que puedas crecer en tu propia historia en vez de estar buscando estar apegado a tu madre o a una suplente para tu madre.

APENDICE H

Entendiendo y Sanando las Heridas del Padre
Escrito por Alfred C.W. Davis

Todos venimos a este mundo impotentes, dependientes y necesitando aceptación, para ser tratados como dignos y para ser bendecidos. Las heridas del padre es la ausencia de este amor de tu padre de nacimiento. La herida puede ser causada por:

- Negligencia - No soy importante

- Ausencia - Divorcio, separación y muerte.

- Abuso - Mental, físico, sexual y espiritual

- Control - Dominación opresiva

- Retener - el amor, bendiciones, y/o afirmaciones, deficiencias que llevan a una profunda carencia de auto aceptación.

El efecto de la herida de padre es baja autoestima, una emoción de dolor profundo dentro que nos convierte en "hacedores" en vez de "seres" mientras la salvación nos convierte en nuevas creaciones en Cristo, no necesariamente trata con la herida dentro. Tendemos a tener cuatro barreras que bloquean la sanidad de esta herida.

- Orgullo - Nadie confrontará el cambio "estoy bien"

- Pecado - Un bloqueo que no busca confesar el pecado o recibir perdón

- La herida en si - Dolor emocional continuo

- Mentiras - Engaños acerca del Ser, padre de nacimiento y Dios Padre.

En vez de ir al dolor y recibir la sanidad que necesitamos, nosotros tendemos a responder a eventos de la vida creando una idea falsa de nuestro "Ser"

Relación con nuestro padre de nacimiento

Cuando sostenemos una concepción de nuestro padre de nacimiento como enojado, violento, desinteresado, indiferente, distante/
retirado, ausente/abandonando, alcohólico, condenador y/o critico,
tendemos a creer las siguientes palabras acerca de nosotros mismos.

- Soy indigno
- Soy estúpido
- Soy incompetente
- No soy amado

Mientras aceptemos estas palabras como la verdad, tendremos
vidas deprimidas, ansiosas y enojadas.

Relación con Dios el Padre

A menudo, la imagen de Dios de una persona es contaminada
por la experiencia personal que él/ella tiene con el padre. Cuando
hay presente conceptos erróneos acerca de Dios (que El es enojón,
sentencioso, infeliz conmigo, temible, legalista, rápido para castigar
y lento para perdonar...) las palabras que tendemos a creer son.

- No soy suficientemente bueno
- Soy culpable/avergonzado
- Debo trabajar más duro para justificarme

Mientras aceptemos estas palabras como verdad, buscaremos
trabajar y probar nuestro valor a través del perfeccionismo y mate-
rialismo o buscar adicciones para cubrir el dolor.

Dirigiéndose a la Herida del Padre

Hay cuatro pasos para dirigirse a la herida del padre:

1. Entendiendo el corazón de Dios
2. Invitando a Jesús a las heridas creadas por el padre

3. Aceptando la verdad acerca de uno mismo como hijo de Dios.

4. El corazón de Dios.

Como visto en la historia del hijo pródigo:

- Somos libres para escoger nuestro propio camino
- el padre espera pacientemente que nosotros volvamos a El.
- Cuando regresamos, nos acepta incondicionalmente
- El corre para aceptarnos y abrazarnos
- El nos valora celebrando la provisión de Dios para salvación
- El nos ama primero
- Somos Su creación amada
- El ofrece salvación para nuestro pecado
- El quiere una relación con nosotros.

Jesús como el Sanador Herido:

- El fue tentado por satanás para conocer nuestras tentaciones
- El experimento sufrimiento para conocer nuestro sufrimiento
- El fue rechazado, burlado, golpeado y crucificado
- El entiende completamente nuestro dolor y nos quiere ayudar
- 1 de Pedro 2:24 "Por sus heridas han sido sanados"

Jesús sana:

- Cuando es invitado a las memorias, Él viene
- Cuando Él viene a nuestras memorias, mis clientes lo describen como tierno, amable, cariñoso, amoroso, cálido, amigable, entrañable, aceptador y sanador.

Cuando tú entiendes Su amor:

- Confiésale a El, el mal entendido que haz tenido
- Recibe Su perdón
- Recibe Su amor

Invita a Jesús a las heridas creadas por tu padre de nacimiento.

Hacer sanación interna para las memorias:

- Invita a Jesús a las memorias específicas
- Entiende las palabras que tu aceptaste en ese momento
- Pídele a Jesús que te revele Su verdad
- Recibe Su verdad acerca de quien eres

Decide perdonar a tu padre de nacimiento:

- Por palabras dolorosas
- Por acciones dolorosas
- Por no amarte
- Por no bendecirte
- Por afectar tu imagen de Dios el Padre

Acéptate como hijo de Dios. Recibe las palabras de verdad.

- Soy aceptado
- Soy escogido
- Soy amado
- Soy creación de Dios
- Soy precioso a Sus ojos
- Soy perdonado
- He sido redimido

- Nunca seré abandonado ni desamparado

- Tengo una herencia eterna

- Nada me puede separar del amor de Dios

Mientras entiendes la verdad acerca del amor de Dios y llegas a conocer tu Verdadera Identidad en Cristo. Te hará libre para soltar el dolor y perdonar a tu padre de nacimiento. Esta nueva perspectiva creada en ti te habilitará para ver a tu padre de nacimiento a través de otros ojos y permitirte vivir libre.

Alfred C.W. Davis. Todos los derechos reservados. Usado con permiso.

*-Otros Libros de Nancy Eskijian

A Revelation of the Cross

Restoration NOW!

Everything You Ever Wanted to Know About Sex and Gender and the Bible, What's Hot and What's Not According to Scripture.